science・i

カラー図解でわかる
科学的ゴルフの極意

理屈がわかればどんどんうまくなる!

大槻義彦

SB Creative

著者プロフィール

大槻義彦（おおつきよしひこ）

1936年、宮城県生まれ。東京教育大学物理学科卒業。東京大学大学院数物系研究科修了。理学博士（東京大学）。早稲田大学名誉教授。『カラー図解でわかる科学的アプローチ&パットの極意』（サイエンス・アイ新書）、『ゴルフ上達の科学』（講談社）、『本気で本当のクラブ選び』『プロのボールはなぜ重い?』（ゴルフダイジェスト社）など多数。

大槻義彦の叫び
●http://29982998.blog.fc2.com/

本文デザイン・アートディレクション：株式会社ビーワークス
イラスト：野村タケオ（http://www11.big.or.jp/~takeo/）

はじめに

なにしろ61歳の年寄りになるまで、あらゆるスポーツを忌み嫌った。それどころかスポーツをやる人を小バカにして反感をもった。いまだに知っているプロ野球チームは巨人ぐらいである。サッカーなど、プロチームの名前すら知らない。春と秋の早慶戦にすらいい顔をしなかった。早稲田大学のほとんどの教授は早慶戦の日、自主休講とするのに、私だけは堂々と講義し、全早稲田のひんしゅくをかった。タマコロガシ遊びにつき合って、大事な講義を休講にできるか、と考えたのだった。

スポーツは体を使って頭を使わない、つまり、スポーツは知的な人間のやることではない、と信じて疑わなかった。大学の運動部が、ときに勉強をさぼり、遊び呆けている当時の風潮に不満、不信感があったのだろう。しかし、それを反省するときが遅まきながらやってきた。61歳のときである。人間は頭を使うが体も使う。それでこそ人間である。頭だけ使って生きていけるはずもない。体を動かすのを嫌っていた私は当時、いまでいう極端なメタボだった。かくしてその当時、周りからもっとも強く強要された「ゴルフ」をやるはめになったのだ。

しかし、なにしろ体のあらゆる関節を動かすことを拒否してきたのだから、体がうまく動くはずもない。練習打ちして2カ月。胸に異様な痛みが走り、寝ることも、寝たら起きることもできない。肋骨の複雑骨折だった。こんな具合だから、いくら気張ってボールを打ってもうまく飛ぶはずもない。20代からゴルフに明け暮れてきた友人、後輩が声をだして笑い転げた。前に打ったはずのボールは後ろに飛んで、キャディさんが「キャー！」と叫ぶ。そのキャディさんの組の中年女性たちが声高に笑った。「なに？　あれ大槻教授なの？　うっそー！」。

こうなると日ごろの鼻っ柱の強さが頭をもたげた。なにくそ、いまにみておれ！　それからというもの、肋骨が折れようと、左腕の手首が脱臼しようと、左足のかかとが腫れ上がろうと、日々ゴルフに明け暮れた。これでは研究と教育がままならない。やはり研究とスポーツは両立しなかった。そこで66歳にしてゴルフのために大学教授職を退職した。20代からゴルフにうつつをぬかしているシングルの友人たちの鼻をあかしてやる方法はないか？　それがあったのだ。ゴルフに物理学を取り入れることだった。冬場のフェアウェイウッド。芝は枯れているのでちっとも上がらない。ちょろちょろ、コロコロ……。シングルたちは気の毒そう。「芝がないから上がらないのだ。春になるとうまくゆくよ」と慰めてくれた。冗談じゃない。お前たちに上がって、私に上がらないことがあるものか。そうだ、これはボールとウッドの重心の関係なんだ。それなら重心の低いウッドを探そう。

前上がりの傾斜では左に飛ぶから少し右を向けよ！　しかしそのとおり打つと、とんだミスショット。なぜだ？　物理学の計算を始め、シングルのじいさんたちの誤解を知った。前上がりでもほぼまっすぐ打てばよい！

自慢じゃないがあれから11年、私の腕はめきめき上がった。いまは80台前半のスコアでラウンドできる。まさに物理学のおかげだ。体の不具合を頭でカバーするのだ。ゴルフに物理学を取り入れると練習がはかどる。注意点を物理学的に納得すると忘れない。納得ずくのゴルフは上達が早い。運動オンチで体が思うように動かなくても、物理学的理屈でクラブの使い方、ボールの配置、クラブの選択でカバーできることが多いのだ。たとえば冬場、芝の枯れたフェアウェイでボールが上がらないとき。プロに叱られながら体を鍛錬し、涙ぐましい練習など不必要だ。ヘッドの薄い3番ウッドを探して買えばよい。

いくらがんばってもパッとしない初心者の方。若いころはこんなゴルフじゃなかったのに、とお嘆きのベテランシニアの方。どうせ女は男のようにはいかないのよ、とあきらめかけた女性の方。「シングル一歩手前！」とがんばっているいま真っ盛りの方。本書で伝授する物理学的ゴルフ上達術で1打でも2打でも伸ばしてほしい。

最後に本書の出版に意をつくされたサイエンス・アイ編集部の石井顕一氏、それに私の所属事務所の岸 直哉に感謝申し上げます。

2009年4月　大槻義彦

カラー図解でわかる
科学的ゴルフの極意

理屈がわかればどんどんうまくなる！

CONTENTS

はじめに …… 3

第1章　飛ばすための極意 …… 9

1-1 すべての関節を使って初速度を上げる …… 10
1-2 ボールの軌道の形を整える …… 14
1-3 その日の第1打に注意する …… 24
1-4 風と戦う極意 …… 32
1-5 遠心力で飛ばすための力学 …… 42
1-6 スウィートスポットを狙う極意、狙わない極意 …… 48
1-7 ボール選びの極意 …… 56

第2章　フェアウェイウッドの極意 …… 67

2-1 ダフリとトップを避ける極意 …… 68
2-2 フェアウェイウッドの方向性こそ命 …… 74
2-3 3番ウッドは2本もて …… 80
2-4 下り（左足下がり斜面）での打ち方の極意 …… 86
2-5 前上がり斜面では左を向け（右ではない） …… 90
2-6 木の下にあるボールはドライバーで打て …… 94
2-7 深く芝にもぐったボールはV字型スウィングで打つ …… 98

第3章　アイアンの極意 …… 103

3-1 アイアンの特性と使い方 …… 104
3-2 魔のシャンク、克服の力学～その① …… 110
3-3 魔のシャンク、克服の力学～その② …… 114
3-4 魔のシャンク、克服の力学～その③ …… 118
3-5 バンカーだしの極意 …… 122
3-6 ピッチ・アンド・ランの極意 …… 128
3-7 ピッチングの極意 …… 134

第4章　パッティングの極意 …… 139

4-1 パッティング、
3通りの打ち方を使い分ける …… 140
4-2 「5分の2打ち」の極意 …… 146
4-3 傾斜グリーンでは
放物線軌道をイメージする …… 150
4-4 「等高線の法則」とはなにか? …… 154
4-5 上りパットはOKではない …… 158
4-6 グリーンの芝目の読み方 …… 162
4-7 左右方向の芝目での打ち方 …… 166
4-8 パッティングを左に曲げるな …… 170

第5章　クラブの特性と打球の極意 …… 175

5-1 ロフト角と打球との関係 …… 176
5-2 シャフトのフレックス …… 182
5-3 重心深度とスウィートエリア …… 186
5-4 低重心で高い打ちだし …… 192
5-5 重心距離、重心角、
フェースプログレッション …… 196
5-6 方向性を安定させるバルジとロール …… 200

参考文献 …… 204
索引 …… 205

本書の読み方

手っ取り早く科学的ゴルフを習得したい方

→「**始めの極意**」と「**極意のまとめ**」をお読みいただければ、各項目を全部読まなくても、本書のエッセンスを習得できます。

「始めの極意」と「極意のまとめ」を読んで、極意の中身に興味をおもちになった方

→「始めの極意」と「極意のまとめ」をチェックしたあと、「**極意の解説**」をお読みいただければ、くわしい極意の内容を理解できます。

「極意の解説」をお読みになって、極意の科学的な理屈を知りたくなった方

→「極意の解説」に続いて「**極意の科学**」をお読みいただけると、極意が科学的にどのような理屈で成り立っているかがわかります。

正しい理論でプレーすれば
かならずじょうずになります。
さあ、始めましょう!

第1章

飛ばすための極意

1-1 すべての関節を使って初速度を上げる

始めの極意

あなたの動かし得るすべての関節を、なるべく同じ向きに動かす。

極意の解説

できるだけ遠くにボールを飛ばすには、ヘッドの速度を可能なかぎり大きくしなければならない。そのためには、あなたの動かし得る関節をすべて使う必要がある。

まずは手首の関節だ。若い人なら200度以上、高齢の方でも130度くらいは曲がる(図1)。曲げる方向は、手の甲の方向である。次は前腕(腕の先のほう)だ(図2)。これはもちろん手首を曲げる方向で、通常100度くらいは曲がる。前腕は手首を曲げる方向と垂直にも曲がるが、これは意識しない。続いて上腕である。図2のように若い人なら100度は曲がる。胴や腰は、若い人なら180度くらい回る(図3)。足のひねりは30度くらいだ。このほかの関節が動く人がいれば、それらの関節(?)も、もちろん動かさなければならない。ここで問題になるのは、

A.　関節が硬くなっていて、動かしたくても動かない人
B.　方向性が気になって、一部の関節を固定してしまう人

である。スポーツなどいっさいバカにして、横のものを縦にもしない横着な人生を送ってきた人(たとえばこの私)はAのたぐいで、

図1 右手は手の甲の側に曲げる

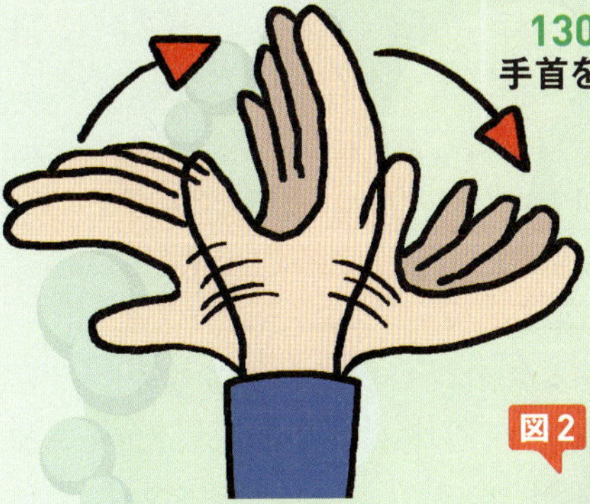

図2 上腕と前腕の使い方

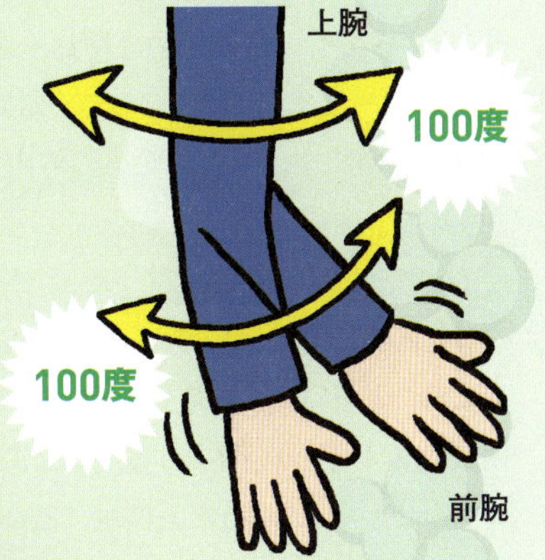

図3 全身の関節を利用する

これは手の打ちようがない。スポーツジムにでも通って、関節を柔軟にしなければならない。

問題はBの人だ。Bの人はヘッドがボールに当たるときに、当たり損ねてミスヒットになることを極度に恐れる。だからまず足、腰を用心深く固定しようとする。手首も動かすことをためらう。だからBの人は、腕だけでスウィング、つまり腕だけ振り上げて、腕だけで打つ。確かにこれだと方向性の狂いはほとんどないから、ボールはヘッドのど真ん中(スウィートスポット)に当たる。

しかし、これではボールが飛ばない。本来の飛距離の7割ぐらい飛べばいいほうだ。230ヤードは飛ぶ実力をもった人でも、腕打ちではせいぜい160ヤードとなる。「あらゆる関節をフルに動かせ」といっても、重要なのは関節を動かす方向である。それぞれの方向が一致せず、ばらばらでは効果が半減してしまう。そこで、すべての関節を、手首の動きの方向になるべく合わせるように動かすのだ。

極意の科学

このことを「回転ベクトル」というもので説明しよう(「そんな説明は聞きたくない」という読者は、以降この極意の科学を飛ばしてもかまわない)。たとえば胴、腰の回転ベクトルを考える。それは、直立している人に対して図4のような鉛直の方向にある矢印である。この人が右から左に回るとき、矢印の方向は上向きとなる。また矢印の長さは回転(角速度)の大きさを表す。

これに対して、上腕、前腕の右回りの回転のベクトルがつけ加わる。この足し算は「ベクトルの足し算」で、図5のように矢印から矢印をつなぐことになる。

図5を見て明らかなように、2つのベクトルの方向が一致して

図4 回転ベクトルとは？

図5 ベクトルの足し算

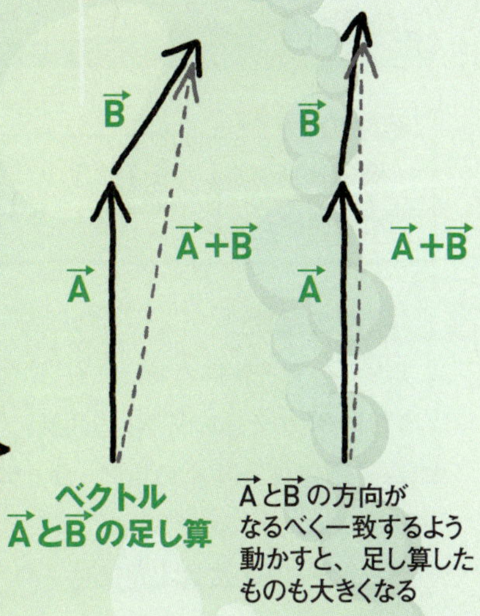

いれば足したものは大きくなり、方向がずれていれば足したものは小さくなる。これを見れば、関節の動く方向はなるべく同じ方向に、つまり手首の方向に向けるといいことがわかる。

極意のまとめ

スウィングでは、ためらわず、すべての関節を手首の動かす方向にそって動かす。あまりに多くの関節を動かすので当たりの方向が狂いやすいが、それはがまんして練習する。決して一部の関節を、用心して固定してはいけない。

1-2 ボールの軌道の形を整える

始めの極意

軌道は形よく。つまり吹き上げない、急降下させない。これで飛距離がでる。

極意の解説

ボールの弾道軌道の形は、もし、空気がなければ放物線になる(拙著『ゴルフ上達の科学』講談社)。このとき飛距離は、ボールの速度(初速度)の2乗に比例する。つまり初速度が2割上がれば、飛距離はおよそ4割増えることになる。

ボールが打ちだされる角度は、高くても低くてもいけない。飛距離がもっとも大きくなるのは、打ちだし角が45度のときである(図1)。

ところが実際には、空気が存在する。風が吹けば、ますます話は複雑になる。風が吹かないときでも空気の抵抗はただものではない。ボールの弾道軌道は、空気の抵抗によって「つまってきて」落下してしまう(図2)。ときには「急降下」することもあり、飛距離がでないのだ。

さらに怖いことに、ボールは回転(スピン)しながら飛んでいく。このスピンによってボールは上下、左右に曲がってしまうのだ。飛距離をだすためにはスピンによって上に曲がる(上昇軌道)ようにしなければならない(図3)。これを「揚力スピン」という。

揚力スピンとはどういうものか?　ここに「大槻の左手の法則」というものがある。図4のようにスタンスをとり、素直に左手を

図1 飛距離がもっとも大きくなる角度

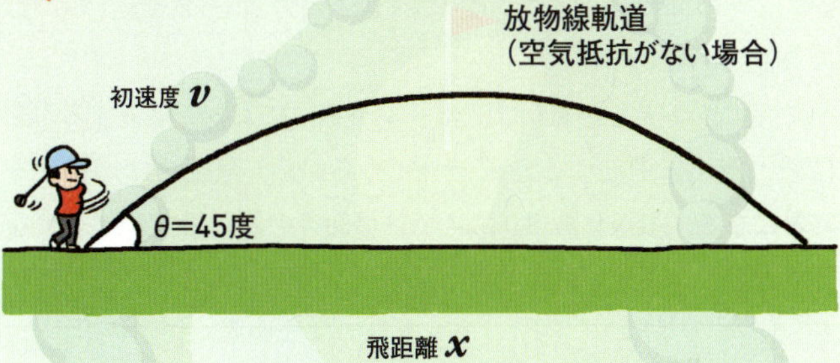

xは v^2（2乗）に比例する。
仰角θは45度のとき飛距離が最大となる

図2 軌道は空気抵抗でつまる

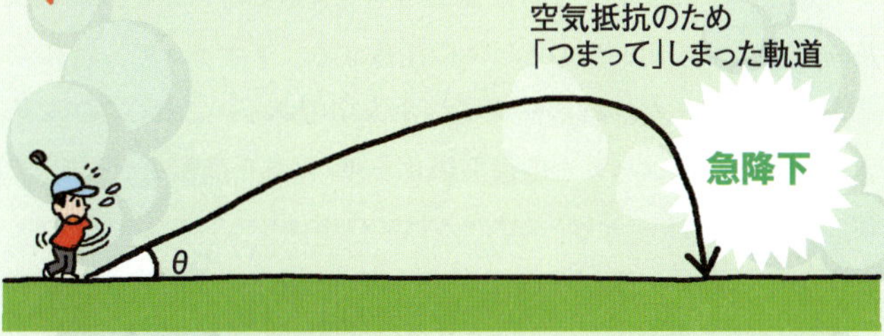

図3 スピンによる揚力

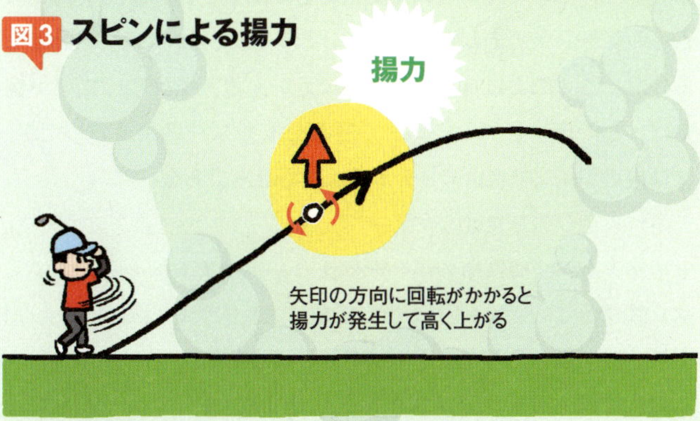

握って、腕をまっすぐ上に上げる。このとき4本の指の握る向きがスピンの回転の向きで、腕の向きが揚力（ボールを上げる力）の方向である。

このような揚力があれば、ボールが重力によって落下するのを防ぎ、空中に滞在する時間が長くなるので、飛距離は増加することになる。しかしあまりにスピンが効きすぎて揚力が大きくなりすぎると、ボールが必要以上に高く上がってしまい、俗にこれを「テンプラ」という（笑）。テンプラでは飛距離はでない（図5）。理想的な軌道は、できるだけ空気の抵抗を抑え、揚力を適度にかけることである。

しかし、そんな神業のようなことができるのか？

できる。それは工夫すれば誰にでもできるのだ。まず、空気抵抗を小さくするボールのスピンに注意する。アマチュア、特に初心者、シニア、女性はボール選びが大切である。これらのアマチュアは決して各メーカーの最高級ボール（つまり高額なボール）を使ってはいけない。最高級ボールはプロ用につくられているため、表面のディンプル（凹み）がプロ用の設計であることが多い。プロが使えば、このディンプルがあることによって空気抵抗を抑えられるのだが、アマチュアが使うと、そううまくはいかないことがあるのだ。このことはスピンについてもいえる。やはり、プロが使えば、このディンプルによって揚力を有効に生みだせるのだが、プロ用のディンプルはアマチュアには不適当である。

ボール選びのコツはこうだ。

アマチュアは女性用のボールを使う。男性でも初心者、シニアは女性用がよい。女性用でなくても、比較的安い「2番手ボール」を使う。では、これをどうやって見分けるか？

これは難しいが、パンフレットを見て「ヘッドスピード36から

図4 大槻の左手の法則とは？

手を握ったときの
手の指の向きが
スピンの向き
伸ばした腕の方向が
揚力の方向

図5 テンプラとは？

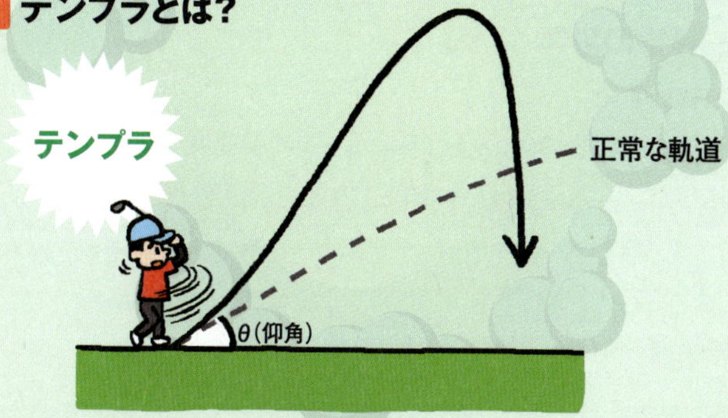
テンプラ
正常な軌道
θ（仰角）

39あたり」と表示されているボールを探す(くわしくは1－7参照)。この選び方が難しいなら価格で決める。プロ用の最高級品は1個1,000円近くもするが、2番手ボールなら1個500円ぐらいと半値である。つまり半値のほうを選べばいい。ちなみに、アメリカのネット販売を利用すれば、1個200円ぐらいで購入できる。

しかし、ボールを苦労して選んでも、打ち方によってはテンプラ打ちになる場合がある。これではせっかくのボールも役に立たない。このときはティを低くする。とはいえ、ティを低くすると地面を叩いてしまうことがあるので、細心の注意をする。あるいは地面を叩くことを避けるために、ティの高さはそのままに、ヘッドの下のほうをボールに当てるよう調整する。

さて、このようにしてボールを打つ場合、もっとも飛距離がでる打ちだし角(仰角という)は何度ぐらいか？　放物線軌道では45度であった。しかし、揚力スピンがある場合には、やがて上昇するのだから、そのぶんを考慮して小さい仰角で打たなければならない。この角度はおよそ25度から30度である。そしてやがてスピンによって発生した揚力で吹き上げる角度が、15度から20度になるのが理想的なのだ。

極意の科学

放物線軌道

放物線軌道では、飛距離はボールの初速度の2乗に比例すると述べた。もっとくわしく解説すると、飛距離Hは、

$$H = Cv^2 \sin 2\theta$$

飛距離＝定数×(初速度)^2×sin2θ

となる。ここでCは定数、θは仰角である。

sin関数は、角度が90度のとき最大値1となるので$2\theta=90$度、つまり$\theta=45$度のときに飛距離が最大となる。

ディンプルと空気抵抗

空気の抵抗は、ボールのディンプルによって増えるように見えるが、そうではない。抵抗はかえって減少する（図6）。空気による抵抗は、ボールの後方にできる渦によって発生する。渦ができると空気の圧力が下がり、ボールが後ろに引き戻されるような抵抗力が発生するわけだ（図7）。

ところが、ボールの表面にディンプルがあると、この渦ができにくくなり、それだけ空気抵抗は少なくなる（図8）。どんな形でどんな深さのディンプルが最適かはそう簡単にはわからないので、各社がしのぎを削っている。

スピンの発生のメカニズム

スピンによってなぜ揚力が発生するのか？　これは少し複雑だが、この原理を頭に入れておけば、おのずと自分で打ち方の工夫もうまくいくのだから、毛嫌いしないでほしい。

まず、なぜスピンがかかるのかを考えよう。それはインパクト（ボールとヘッドの面の衝突）の瞬間、ボールが面（フェース）をすべることから発生する（図9）。たとえば図9のようにインパクトすると、その瞬間、ボールには面と垂直に反発力（抗力）がかかる。しかしこのときヘッドは、この抗力の方向に走っているとはかぎらない。それよりも別のある方向に片寄っているかもしれない。この方向のずれによって、スピンがかかるのだ。

クラブのヘッドが水平方向に走るとき、抗力はロフト角（ヘッ

図6 ボールのディンプルの意義

ボールの
ディンプルによって
空気抵抗は
減少する

図7 ディンプルなし

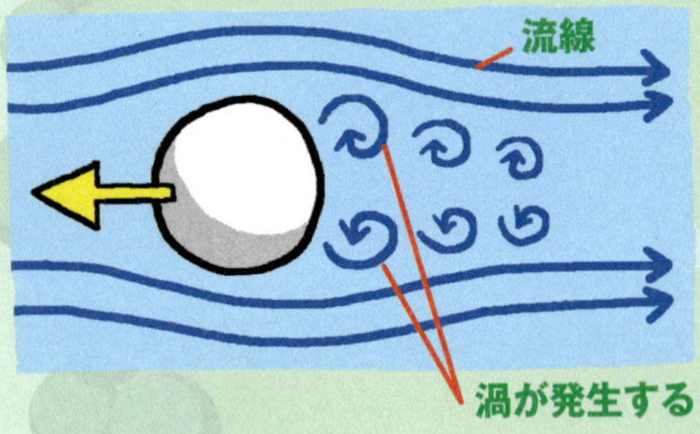

ディンプルありの
ボールよりも早く
流線が乱れる

図8 ディンプルあり

流線が
乱れにくい

図9 スピンの発生

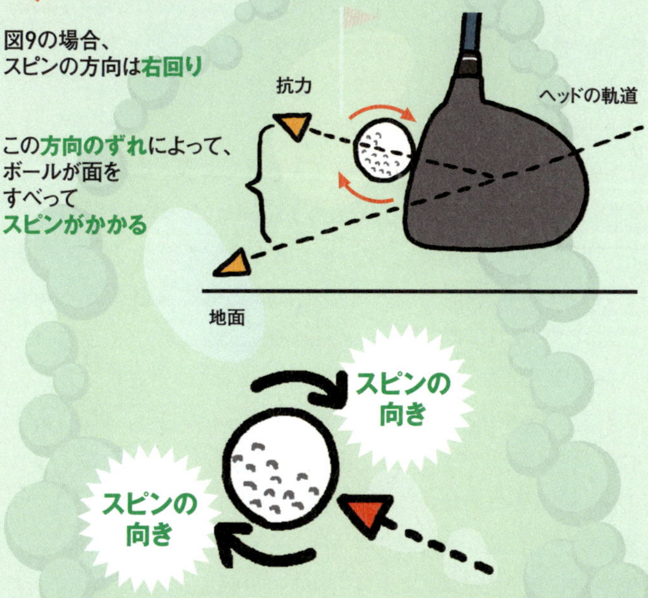
図9の場合、
スピンの方向は右回り
抗力
ヘッドの軌道
この方向のずれによって、
ボールが面を
すべって
スピンがかかる
地面
スピンの向き
スピンの向き

ドの面の角度)の方向にある。だから、ボールに対して図9のようにクラブが左下に走る向きにずれが生じる。このため図9の場合は、横から見て右回りのスピンが発生する。

大槻の左手の法則

図10のようにスピンがかかっているとしよう。このときボールの周りの空気は、ボールといっしょに回っているわけだ。一方、ボールは走っているから、ボールの側を空気が流れている。これを合わせて考えると、ボールの上では空気の流速は速くなり、反対にボールの下では空気の流速が遅くなる。

流速が速くなると、圧力はその速度の2乗に比例して下がる。これを「ベルヌーイの定理」という。だからこの場合、ボールの上は下よりも圧力が下がり、上向きに力(揚力)が発生する。

どのような方向にスピンがかかるとき、どのような力が発生するかは、先に紹介した図4の大槻の左手の法則で決まる。なお、腕を前に突きだせば、これは右曲がりの軌道、つまりスライスであるが、これは左手で握った指の向きのスピンを意味する。

極意のまとめ

仰角は25度から30度で打つ。アマチュアのシニア、女性は2番手の安いボールを使う。ティは低めにするか、フェースの少し下で打つ。余分なスピンによる曲がりは、ヘッドの走る方向が悪いということなので注意する。

注……実際にはアマチュアが25度の仰角で打つのは難しい。ロフト角(フェースの傾き)は10.5度ぐらいだから、ふつうにスウィングすると、仰角は13度から15度ぐらいとなる。25度の仰角に近づけるためには、ティーアップのティーを高くして、なるべくアッパーブロー(スウィング軌道が上に上がるよう)にして打つようにする。

図10 空気流とボールの回転の関係

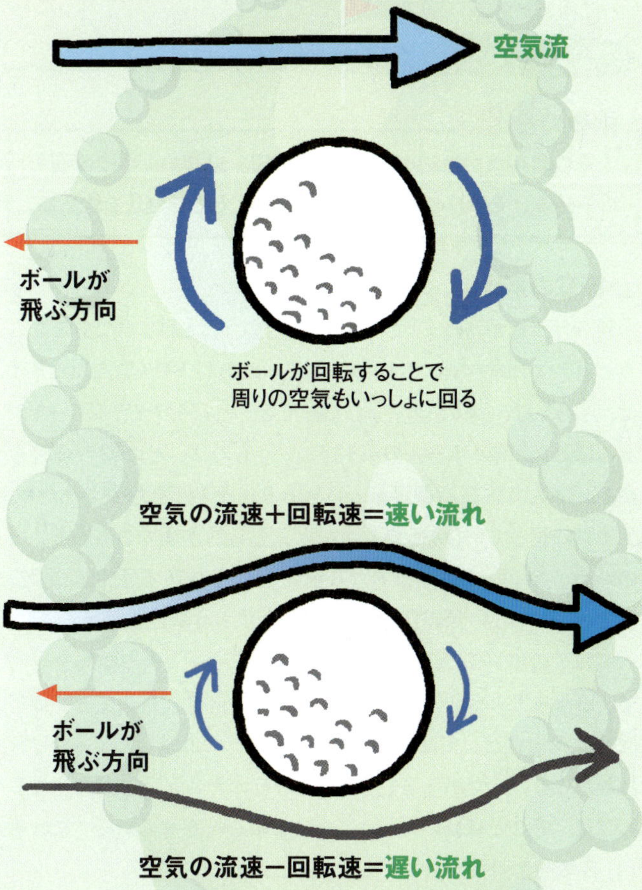

1-3 その日の第1打に注意する

始めの極意

その日のラウンドの第1打こそ大切。最初の1打の球筋をのみ込み、その日の癖を判断、すばやくその対処法を決める。

極意の解説

朝の第1打が、うまく会心の一打ということはまれである。カナダのアマチュアの間では、第1ホールの第1打で失敗したときには、もう1打、ペナルティなしで打てる、というローカルルールがあるほどだ。第1ホールの第1打というものは、その朝の寝起きが悪かったり、長時間運転してきたり、第1打を急がされたり、トイレに行っていなかったり……と、悪条件が重なるものだ。そのため、第1打の失敗はあたり前、自分も他人も大目に見て、あまり気にしない傾向がある。しかし、これがいけない。

実はその第1打こそ、その日の自分のスウィングの傾向を表しているからである。そう、スウィングの軌道は、日によって毎日微妙に違うのだ。では、どう違うのか？　これは打ってみなければわからない。だから第1打は、その日のテスト（試打）ともなるわけだ。そこで私はいつも小さなメモ帳を持参する。そこには第1打の傾向と対策が書いてある。たとえばこうである。

傾向：TOP、SL⇒次の対策を選べ
（TOP＝トップ気味でボールは上がらない）
（SL＝スライス気味で右に曲がった）

対策：スライス（右に曲がってしまう）のとき
Ⓐ右手グリップを右に回して構える
Ⓑボールのインパクト点を、スウィートスポットより手前、ヒール寄り（手前側）にする
Ⓒ左足を内側に移動する

対策：フック（左に曲がってしまう）のとき
Ⓐ右手グリップを左に回して構える
Ⓑボールのインパクト点を、スウィートスポットよりトウ（向こう側）寄りにする
Ⓒ左足を外側に移動する

対策：ボールが高く上がる（テンプラ）
Ⓐティを低くする
Ⓑスウィートスポットより低い点でインパクトする
Ⓒ右手グリップを右に回して構える

対策：ボールが上がらない
Ⓐティを高くする
Ⓑフェースの高い点でインパクトする
Ⓒ右手グリップを左に回して構える

もちろん、このほかにも対処法は山ほどある。たとえばスライス防止法など、プロの書いた本にはたくさん載っているではないか。しかし、現場でそんなたくさんの対処法などいちいち思いだしていたのでは、頭と腕が混乱する。そこで私は、もっとも有効な対処法だけを考えることにして、メモ帳にはせいぜい3つ（上の

ⒶⒷⒸ）しか書かない。

この対処法でたいがいうまくいくが、そうでないときには、スコアカードの余白にメモを書く。他人のスコアを詮索してメモする時間があれば、自分の反省点をメモしなければならない。たとえば2ホール目のドライバーのスライス、「対処Ⓐではうまくいかなかった。それでは対処Ⓑを次にやるぞ」といった具合だ。

極意の科学

スライス対策Ⓐの力学

右手グリップを右回りにねじってスウィングする。するとインパクトまでに、右手のねじれはほどけてしまう（図1）。試みに痛

図1 スライス対策Ⓐ

図2 スライス対策Ⓑ

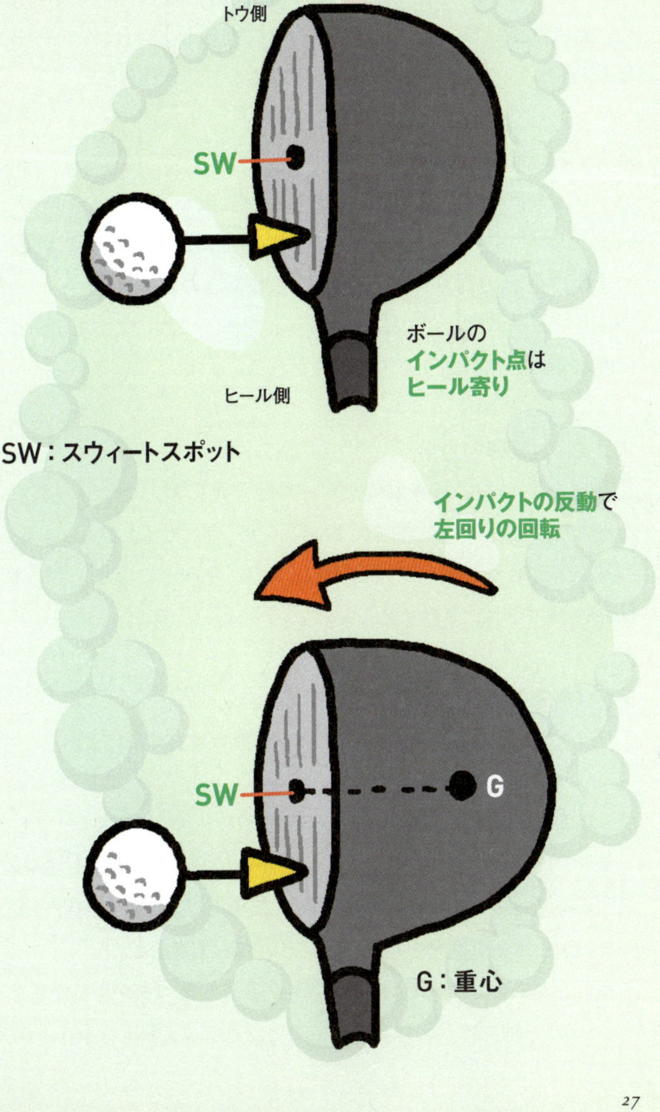
トウ側
SW
ボールの
インパクト点は
ヒール寄り
ヒール側
SW：スウィートスポット
インパクトの反動で
左回りの回転
SW
G
G：重心

いほど思いっきりねじってみればわかる。右手はすぐ自然な位置に戻る。つまり、結果としてフェースを右から左に傾けながら打つことになるのだ。フェースが左回りに回転していれば、ボールは左に飛ぶ。つまりスライス防止となる。

スライス対策Ⓑの力学

ボールをヒール寄り、つまり少し手前に置く。このときボールの衝撃はスウィートスポット(SW)の内側にかかり、これは図2のように重心の周りに、上から見て左向きの回転力を与える。つまりフェースは、いくぶん左回りとなる。これによってボールは左に飛ばされ、スライスが防止される。

スライス対策Ⓒの力学

左足を少し右に寄せれば、ボールは左足に対してより左側になる。このためヘッドは図3のように、少し遅れてインパクトする。ヘッドが遅れるとヘッドフェースはすでに左向きになり、ボールは左に飛ばされ、スライスしない。

フック対策の力学

フックはスライスの逆だから、その対策も逆にすればよい。

ボールのテンプラ防止の力学

テンプラ、つまりボールが高く上がってしまうのはいけない。飛距離がでないからである。もっとも、テンプラでは方向性は悪くないからあまり贅沢をいわない、という考えもある。

ボールが高く上がるのは、高く上がるような力がかかるからである(あたり前だろう、いまさら、という前によく聞いてほしい)。

図3 スライス対策C

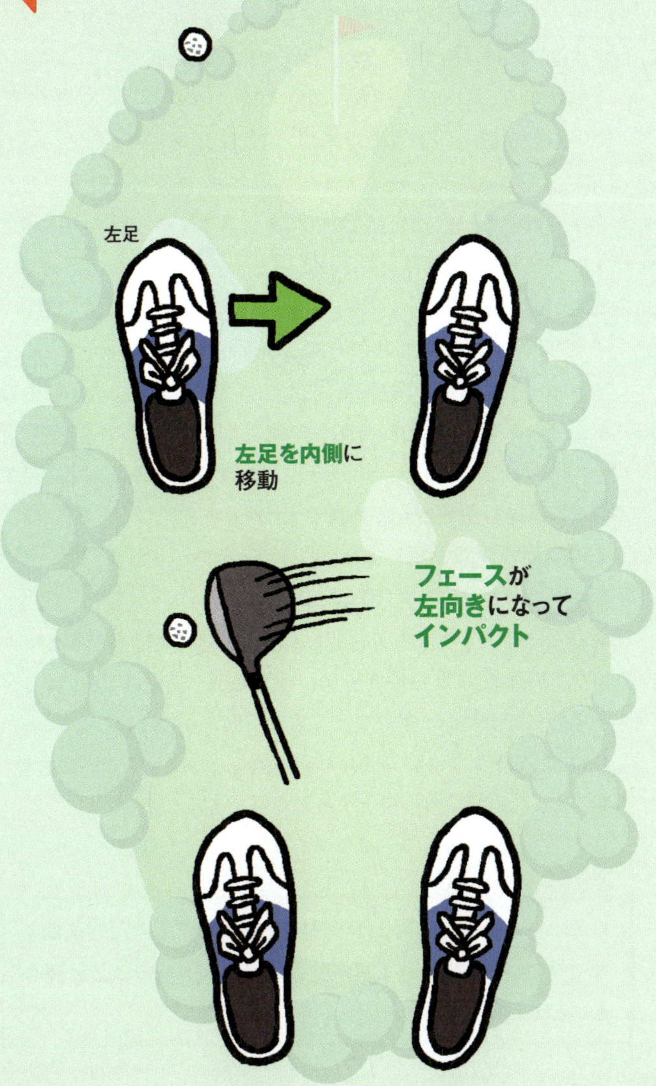
左足
左足を内側に
移動
フェースが
左向きになって
インパクト

ボールに対するインパクトの力（抗力）は、つねにフェース面に垂直にかかる。だから、誰が打っても、同じロフト角のクラブなら同じ角度（仰角）で打ちだされるはずではないか？

それは違う。

ヘッドの運動方向が重要なのだ。たとえば図4のように、斜めに持ち上げる（アッパーブロー）ように打つとどうなるだろうか？　これでも抗力は同じだが、このときフェース面も上向きに傾いてしまっているではないか。このためボールはさらに上向きの力を受けている。

それだけではない。抗力の方向とヘッド軌道の方向のずれによって、ボールは摩擦を受ける。たとえば図5のように水平軌道でインパクトすれば、抗力の方向との違いのぶんだけの力で摩擦し、ボールは回転してしまう。この場合、大槻の左手の法則によってボールには揚力が発生して、高く上がる。

この摩擦の距離を短くするためにティを低くしたり、ヘッドの下部にインパクトしたりするわけである。

それだけではない。スウィートスポットの下部に当てると、インパクトの衝撃は重心の周りに、横から見て左回りの回転力を与える。このためヘッドのフェースは下向きかげんになる（図6）。これによってテンプラが抑えられる。低くしか上がらない場合は、もちろん、これまでの解説とまったく逆である。

極意のまとめ

その日の第1打、第2打の性向を調べる。その対処法はメモを見る。特に「スライスか」「高く上がるか」の2点を押さえるとよい。

図4 アッパーブローで打った場合

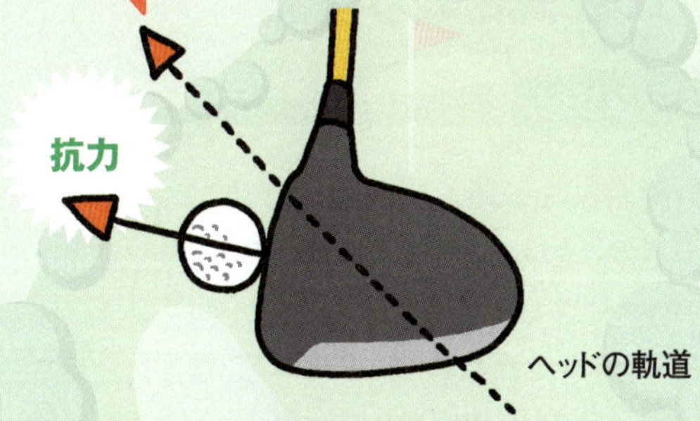

図5 水平軌道で打った場合

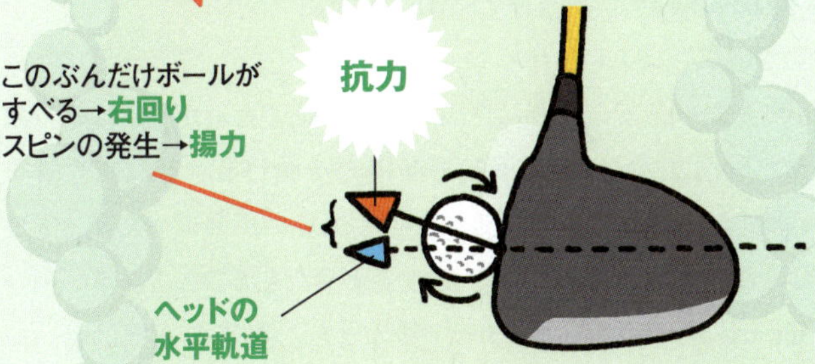

図6 左回りの回転が生まれる

1-4 風と戦う極意

始めの極意

Ⓐ向かい風のときはティを低くし、スウィートスポットの下部にボールを当てる。

Ⓑ追い風ではティは高めにし、ボールの急降下に注意。

Ⓒ横風では、ボールが風向きと逆に飛ばされることがある。

極意の解説

Ⓐ向かい風

ボールから見て、周りに空気の流れがあると、ボールはその風の流れる速度によって、風の方向に力を受ける。その速度は向かい風(これを「アゲンスト」という人が多いが間違った英語)の場合、ボールの速度と風速を足し合わせたものである。ボールの速度が55m/秒、風速が10m/秒のとき、空気の速度はボールに対して65m/秒になる。

空気流によって「押されて」ボールが力を受けるのだ、と考えるのは正確ではない。これは次のように考えるのが妥当である。空気の流れはボールの後方に渦(図1)をつくり、渦のあたりの気圧が低下する。そのためボールは渦の方向に力を受ける。

さて、このような力を受けるとボールの軌道はどうなるのか？　まず上昇軌道を考える。図2のように上昇角度は大きくなり、高く上がることになる。この高く上がる軌道は、テンプラの原因となる。さらに、スピンによる揚力も大きくなるから、ますます高い軌道となる。

図1 ボールと空気の流れの関係

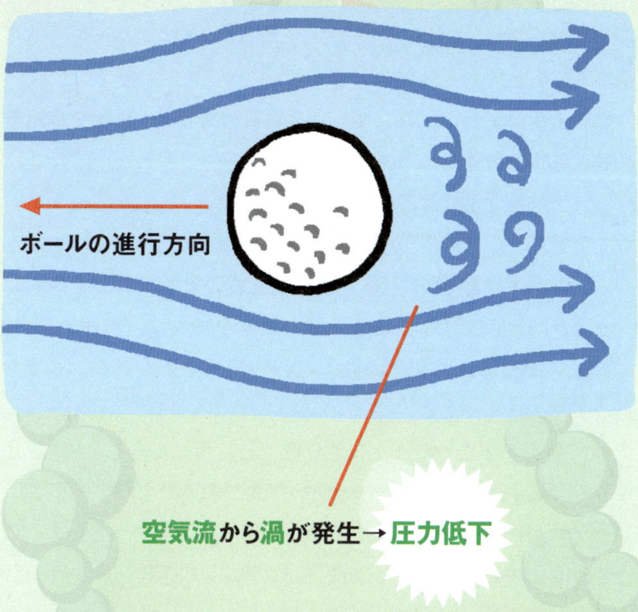

ボールの軌道の最高点付近では、このような空気流の影響は空気抵抗となってボールの速度を低下させる。次に、図3のような下降軌道では「下降角度」が大きくなる。このためボールは早く落下してしまう。

このように向かい風は、ボールの軌道のあらゆる部分で飛距離を縮めるように作用する。

これに対抗するにはどうするか？

上昇軌道で「上昇角」が大きくなってしまうのがいけないのだから、これを避けるためには、もともと低い仰角で打つことである。30度から35度の仰角で最高の飛距離をだす人は、風速5m/秒で5度、風速10m/秒で10度ぐらい仰角を小さく打つ。つまり低く打ちだすのである。

低く打ちだすためには、ティを低くし、ボールのインパクト点を下にする（図4）。こうすれば低い仰角で打つことができる。

さて、最高点付近の風による抵抗は防ぐことができるか？　残念ながら、それは不可能と知るべきである。下降部分での「下降角」が大きくなるのを防ぐ方法もない。しかし、もともと上昇角が小さい場合は、下降角も小さくなっているから、「低く打つ」というやり方が効果的になるわけだ。

Ⓑ追い風

追い風（これを「フォロー」という人が多いが間違った英語）のとき、上昇、下降軌道での風の影響は逆になる。風によってボールの周りの空気の流速は低下する。55m/秒の速度のボールに10m/秒の追い風が吹けば、ボールの周りの空気の流速は45m/秒となる。

このためボールは、図5のように本来の上昇角よりも低くなる。

図2 上昇軌道

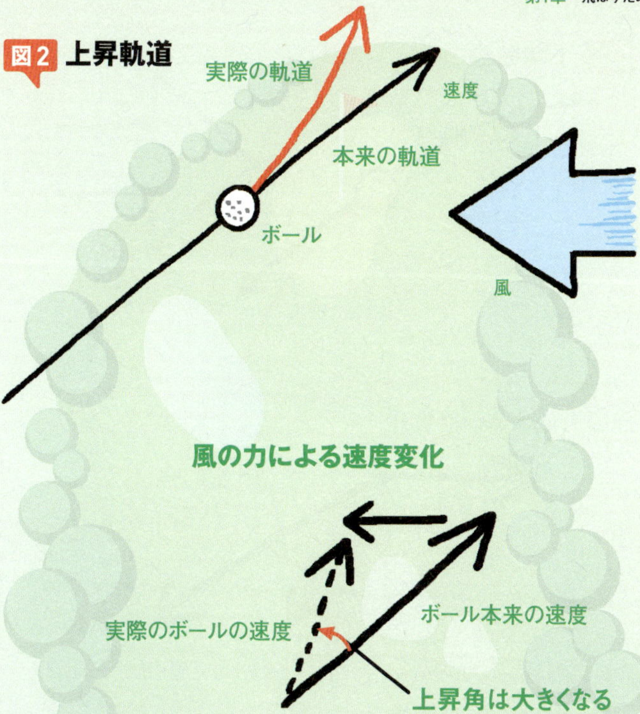
実際の軌道
速度
本来の軌道
ボール
風
風の力による速度変化
ボール本来の速度
実際のボールの速度
上昇角は大きくなる

図3 下降軌道

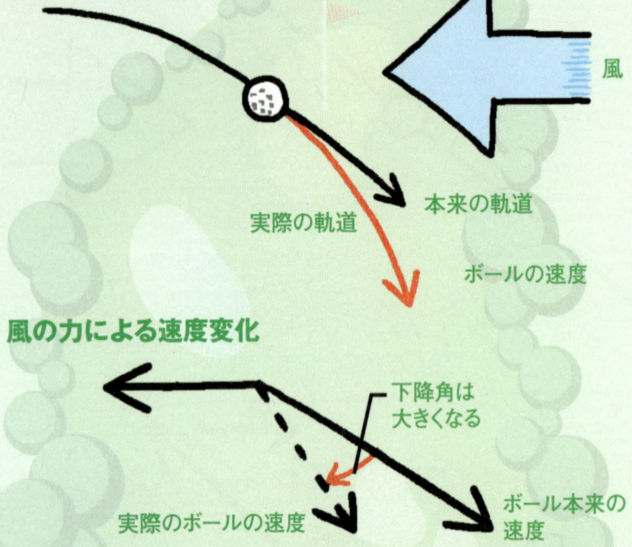

図4 ボールのインパクト点を下げて低く打ちだす

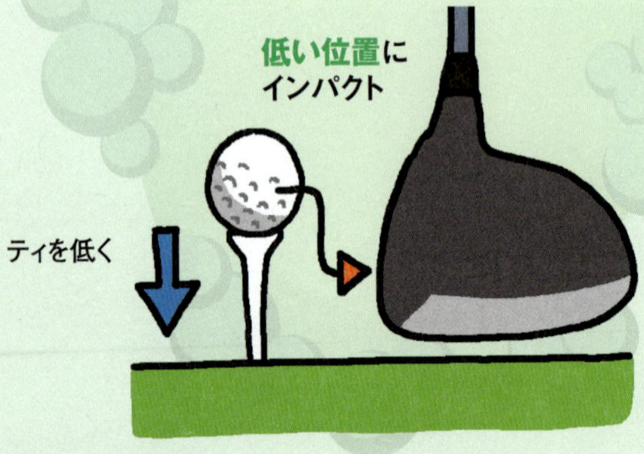

またスピンによる揚力も抑えられる。このためボールの軌道は低めになる。そこでボールのティは少し高めにして、高い仰角で打ちだしたほうがよい。

注意すべきは下降軌道部分である。風が強く吹く場合、下降軌道部分ではボールの速度と風の速度が同じ程度になってしまうことがある。ボールの速度と風の速度が同程度になるとボールの周りには空気流がほとんどなくなり、いくらボールにスピンがかかっていても揚力は発生しない。

揚力がなければ、ボールの滞空時間が短くなる。つまり、ボールは急にストーンと落ちてしまうのだ。追い風では一般に飛距離は伸びるが、軌道の後半で急降下するときがあるから注意する必要がある。

Ⓒ横風

横風が吹かなければ、ボールは飛球線方向（ボールが目指す方向）に対して垂直な左右の方向に空気流を受けない。これに対して横風が吹けば、その横風のぶんだけ力を受ける。しかしこの力は、向かい風や追い風とは少し異なるものである。

横風では、その「力」の影響はたいしたことがないから、アマチュアは無視してもよい。しかしアマチュアでもその「方向」を無視してはいけない。風が左右、どちらに向いているかを正確に判断することが重要である。風が右から左に吹いていると明らかに判断できた場合でも、ボールが逆（この場合は右）に飛ばされることがあるから注意が必要だ。

たとえば図6のように、大きな木の森が右手にあり、風が右から左に吹いていた場合、森を通りすぎた風は、図6のように下降風、または逆風となることがあるのだ。カップの旗のはためき、

図5 追い風の場合

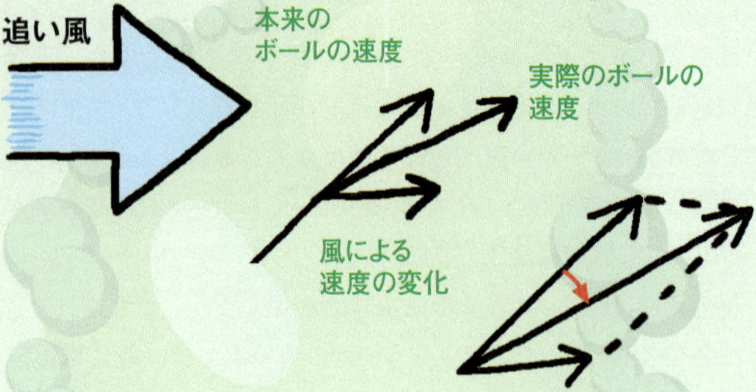
ボールの速度の方向、
上昇角は小さくなる

追い風の風速が強くなると……

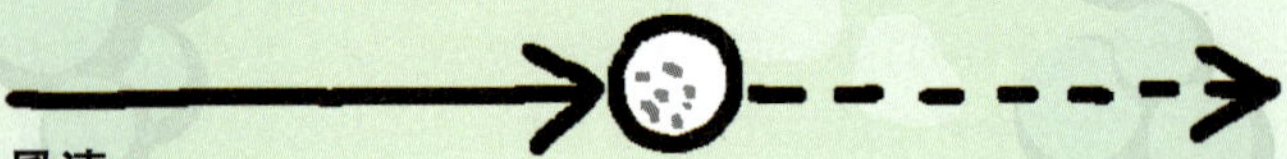
風速
ボールの速度

ボールから見て、風はなくなったように見える
→**揚力が消えてしまう**

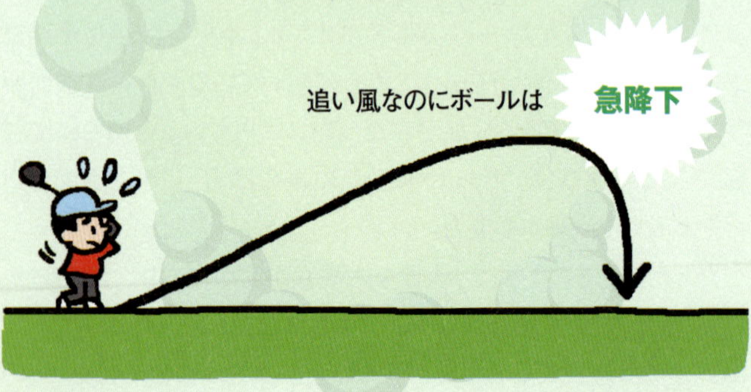

図6 森の影響に注意

前のプレーヤーのズボンのはためきなど、細心の観察をすることが大切である。

極意の科学

ボールの周りの空気流速を v とすると、これはボールの速度 V と風の速度 w を足したものである。

$v = V + w$

ボールの周りの空気流速＝ボールの速度＋風の速度

追い風の場合は、w の前の符号がマイナスになる。速度 v が大きい場合、ボールが受ける空気の抵抗力 F は、v の2乗に比例する。

これは「慣性抵抗」といわれるものである。追い風ではこの抵抗が小さくなるから、飛距離がでることになる。

$F = kA\rho v^2$
空気の抵抗力＝ボールの形状で決まる定数×風の当たる面積（断面積）×空気の密度×ボールの周りの空気流速^2

ここで、kはボールの形状で決まる定数、Aは風の当たる面積（断面積）、ρは空気の密度で、vはボールの周りの空気流速である。

以下、vの形が$V+w$とすると、空気の抵抗力Fは、

$(V+w)^2$
（ボールの速度＋風の速度）^{2}

に比例する。ここで、V（ボールの速度）に比べてw（風の速度）が小さい場合、上の式は、

$V^2 + 2Vw$
ボールの速度^2＋2×ボールの速度×風の速度

と、近似して書くことができる。すなわち抵抗力Fの変化ぶんは、$2kA\rho Vw$となる。つまり風の影響は、風速wに比例することになる。力Fがt時間かかると、ボールは以下の式だけ移動する。mはボールの質量である。

$L = (1/2)(F/m)t^2$
移動距離＝(1/2)（空気の抵抗力／ボールの質量）時間^2

つまり風によって（2つ上の式から）、

$L=(kA\rho V/m)\,wt^2$
移動距離＝（定数×風の当たる面積（断面積）×空気の密度×ボールの速度/ボールの質量）×風速×時間^2

だけ飛距離Lが変化するわけである。実際の経験によれば上の値は、

$L=0.23wt^2$（メートル）
移動距離＝0.23風速×時間^2（メートル）

として計算するのが適当と思われる（風速10mの場合、飛距離はおよそ30mぐらい短縮される）。横風で風速が大きくない場合には「粘性抵抗」が働く。これは風速wに比例する力である。

極意のまとめ

向かい風ではティを低く、フェースの下にボールを当てて低い仰角で打つ（風速5m/秒で5度、風速10m/秒で10度ぐらい低く打つ）。追い風では、逆に少し高めに打つ。横風では、流される距離より風向きが重要である。

1-5 遠心力で飛ばすための力学

始めの極意

ヘッドに遠心力がかかるとシャフトは前方にしなるので、このしなりの勢いでボールを飛ばす。このとき重要なのは、スウィングでの「前直前加速」である。前直前加速、とはどういうことか？　それはインパクト直前の少し前からの加速のことである。

この作用を有効に使うためには、やわらかいシャフトを使用する。中年以上のアマチュアは、やわらかいフレックスA、Lがよい。「フレックス」とは、シャフトのしなりやすさのことで、硬い順に「X、S、SR、R、A、L」などと表記されることが多い。Sはstiff（硬い）、Rはregular（ふつう）、Lはlady（女性）の意味である。

極意の解説

「スウィングではリズムをつけて、余計な力を入れず、一様にやわらかな力で振りぬけ」と言われるが、これはもちろん正しい。特にミスショットをださないためには、このようなやわらかい一様な力の配分が大切である。

しかし、もちろんこれでは飛距離がでない。そこで、途中で思いっきり力を入れることになる。では、それをどこでやるか？

Ⓐスイングの最初から力を入れる

Ⓑ真上あたりから力を入れる

図1 力を入れるタイミング

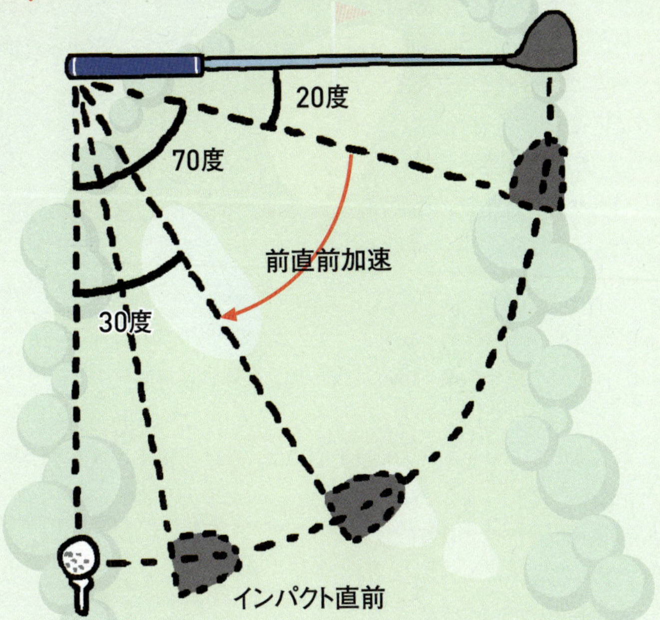

Ⓒ真横あたりで力を入れる

Ⓓ図1のように真横を20度ぐらいすぎたあたりで力を入れる

Ⓔインパクトの直前で力を入れる

このうちⒹの力の入れ方が、前直前加速である。このとき、ヘッドインパクトでの速度は加速度に比例して、インパクトまでの時間にも比例する。

一見、Ⓑの位置あたりで加速を始めたほうが、インパクトまでの時間が長くなり、ヘッドの速度が大きくなるように見える。それはそのとおりなのだが、早めの加速は方向が狂いやすいので避けるべきなのだ。それだけでなく、シャフトの前方へのしなりが維持できないので、遠心力の有効活用にはならない。だから真横を20度ぐらいをすぎたあたりで力を入れるのがいいのだ。

極意の科学

ヘッドの速度を v、加速度を a、加速時間を t、加速寸前の速度を v_0 とすると、

$$v = v_0 + at$$

ヘッドの速度＝加速寸前の速度＋加速度×加速時間

となるが、このときヘッドの重心には、v^2 に比例する遠心力 F がかかる。

$$F = Mv^2/R$$

遠心力＝ヘッドの重量×ヘッドの速度^2／スウィング軌道の半径

つまり、この遠心力は時間とともに増加する。M はヘッドの質量、R はスウィング軌道の半径である。

ところで、図2のように、重心に遠心力 F がかかるとどうなるか？　この重心は、アイアンの場合ほぼシャフトの方向にあるが、ウッド、特にドライバーの場合には、図2のように重心はシャフトの方向からかなりずれている。このためシャフトは横方向にたわむ（しなる）ことになる。

これを確かめるためには、釣りざおにL字型の金属製の物差しでも固定して、振ってみるとよい。前直前加速で釣りざおが横方

図2 シャフトは遠心力でしなる

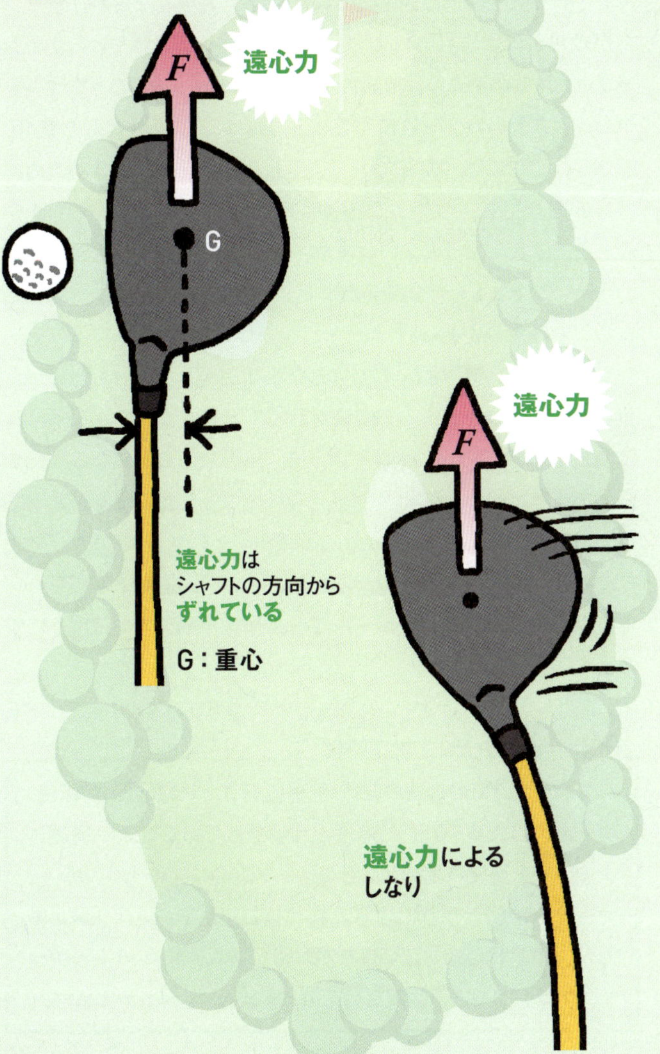

向、つまり前方にしなるはずである（図3）。

シャフトのしなりは遠心力Fに比例して大きくなるが、シャフトが硬ければこの反応は弱い。だからアマチュアはやわらかいシャフトにするのがよい。前述のように、シャフトのしなりやすさをフレックスといい、一般に男性はRまたはSR、女性はLを使う。しかし、ここで述べた遠心力によるしなりを有効活用するためには、非力な男性アマチュアや中年アマチュアは、よりやわらかいA、またはLを使うとよい。また、中年以降の女性はLよりもやわらかいシャフトを注文するとよい。

ここで注意点がある。

シャフトは真横（前方）にだけしなるのではない、ということだ。重心の位置はシャフトの方向に対して下方にもずれている（図4）。この遠心力のため、シャフトは下方にもしなることになる。だから、あまりにしなりやすいやわらかいシャフトでは、インパクトでヘッドが下がってしまうのだ。これを「トウダウン」という。つまり、中年のアマチュアがやわらかいシャフトを選んで遠心力ヒットを心がけるときには、ボールはヘッドの下部に当てるようにするようにしたい。

極意のまとめ

スウィングでの加速の位置は「前直前」、つまり直前の直前、ボールに当たる70度〜30度ぐらい手前である。この加速によるヘッド速度の増加によってヘッド重心に遠心力がかかり、シャフトは横と下にしなる。横にはしなりやすいほうがお得だが、下にはしならないほうがお得である。中年以上のアマチュアは、フレックスがRのものよりはA、Lがおすすめだ。

図3 釣りざおで実験すると……

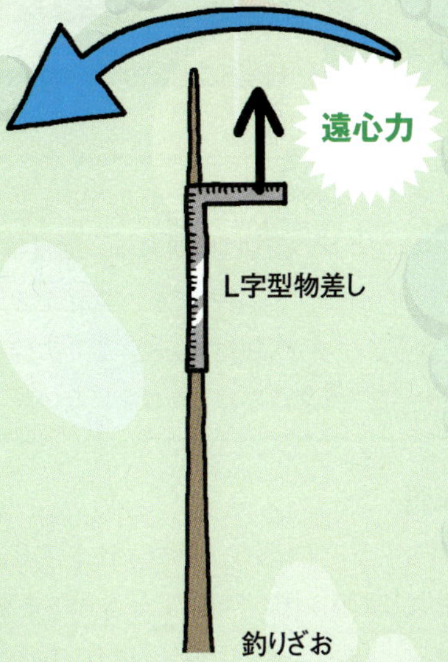

図4 トウダウンとは?

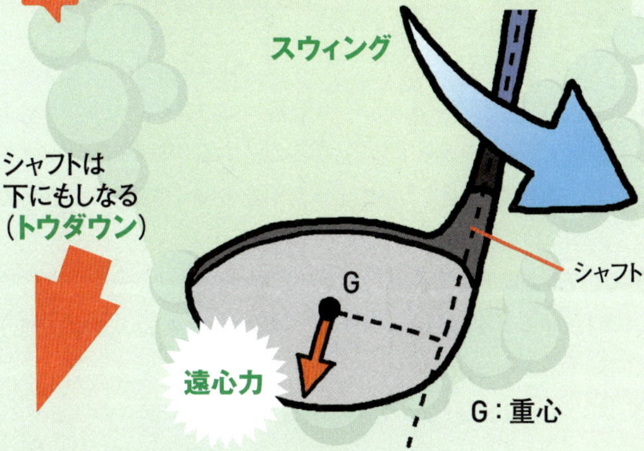

1-6 スウィートスポットを狙う極意、狙わない極意

始めの極意

まず自分のドライバーのスウィートスポット(SW)を、後述する「500円コインの方法」で決める。通常はこのスウィートスポットにボールを当てるのだが、スライス気味ならそれよりヒール寄り、フック気味ならトウ寄りに修正する。ただしスウィートエリアからはみだしてはいけない。

極意の解説

まず「500円コインの方法」で、スウィートスポットの位置を決める方法を説明しよう。図1のように、シャフトを地面に水平に左手で軽く持ち、右手に持った500円コインで上から順にたたいてみる。たたくたびに左手に軽いショックが伝わる。ところがただ1点だけ、そのショックが感じられない点があるはずである。ここがスウィートスポットである。

さて、このようにしてスウィートスポットがわかったら、なにか印をしておく。そこでふたたび慎重に、このスウィートスポットのまわりを500円コインでたたいてみる。すると左手のショックの方向が、たたく場所によってまったく違ってくることがわかるだろう。すなわち、

Ⓐ図1のようにトウ寄りをたたくと、左手に持つシャフトは右回りに回転するようなショックとなり、逆にヒール寄りでは左回りに回転するようなショックになる。

Ⓑ図1のように上部(クラウン寄り)をたたくと右回りのショック、

図1　たたく場所によってショックは異なる

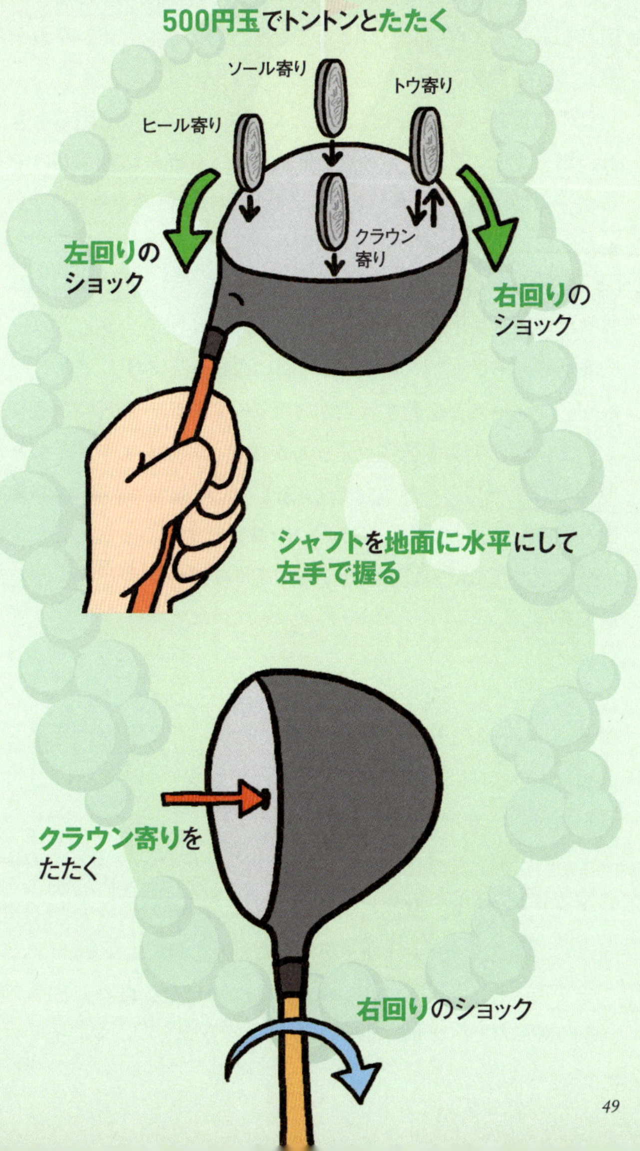

下部（ソール寄り）をたたくと左回りのショックとなる。

シャフトが右回りならボールはスライス（右曲がり）となり、左回りならフック（左曲がり）となる。またⒷの場合には、それぞれ高く上がる軌道、低い軌道となってしまう。

このことを逆に利用して、たとえばスライスがでて困るときには、ボールをスウィートスポットからヒール寄りに外すわけである（1－3参照）。フックがでて困る場合にはこの逆をやればよい。

極意の科学

スウィートスポットの力学的定義は次のとおりである。ヘッドの重心Gから、ヘッドのフェース面に垂線を下ろす。下ろした垂線が、フェースと交差する点がスウィートスポットである（図2）。

いま、図2で示す位置にボールが衝突したとしよう。このときの衝撃によって、ヘッドは重心の周りに回転する。回転の角速度（回転の速さ）の変化率は、この衝撃抗力FのモーメントNに比例する。ここでrは、衝撃抗力の方向に引いた線と重心との距離である。

$N = r \times F$

力のモーメント＝衝撃抗力の方向に引いた線と重心との距離×衝撃抗力

また、このときの比例定数を（$1/I$）と書き、Iのことを「慣性モーメント」と呼ぶ。慣性モーメントとは、回転のしにくさの程度を表し、慣性モーメントが大きいほど回転しにくくなる。

さてスウィートスポットとは、このrが0になる点のことで、ボールの衝撃力でヘッドが回転しないことを意味する。つまりN=0、

図2 スウィートスポットの位置とは?

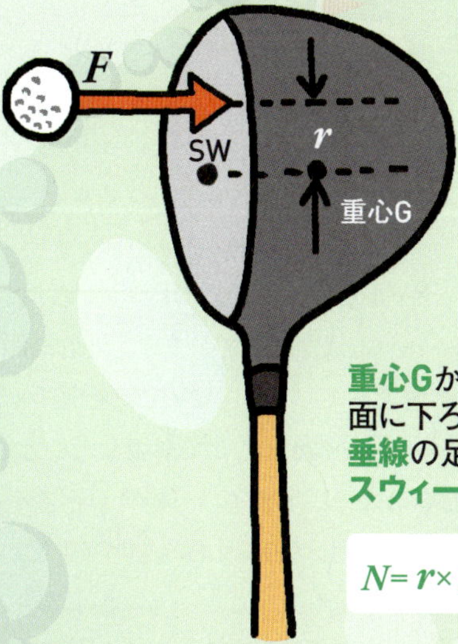

重心Gから
面に下ろした
垂線の足が
スウィートスポット(SW)

$$N = r \times F$$

よって回転の角速度の変化率が0となる。
以上、述べたことを数式で書くと、

$I\times$（角速度の変化率）$= r\times F$
慣性モーメント×角速度の変化率＝抗力の方向に引いた線と重心との距離×衝撃抗力

となる。もちろん、ボールがスウィートスポットから外れれば、rは0でなくなるから、ヘッドは回転してしまう。外れた距離rに比例してその回転率が増大してしまう。このことを逆手にとって、スライス、フック打ちを防ぐのが、ここで解説したことである。

なお、ついでながらここで、ドライバーのフェースのふくらみ（前後のふくらみをバルジ、上下のふくらみをロールという）についてふれておこう。

たとえば、図3にはふくらみのある場合と、ない場合について説明してある。同じ位置にボールが当たったのに、バルジのふくらみによって、rが小さくなっていることがわかるであろう。つまりバルジは、スウィートスポットを外してもミスショットがでるのを防ぐ効果があることがわかる。ロールの効果も同じで、上下に外したときの対策と関係する。

さて、よく耳にするのが「スウィートエリア」である。「スウィートエリアが大きく、ミスヒットをださず、飛距離が大きいドライバー」などといわれる。このスウィートエリアとはどういうことか？　これに対しては、はっきりした定義はない。「スウィートスポットを外しても、まあまあの飛びをする範囲」とでも考えるしかない。

スウィートスポットから外れても、グリップさえ強く握ってい

図3 バルジの意義

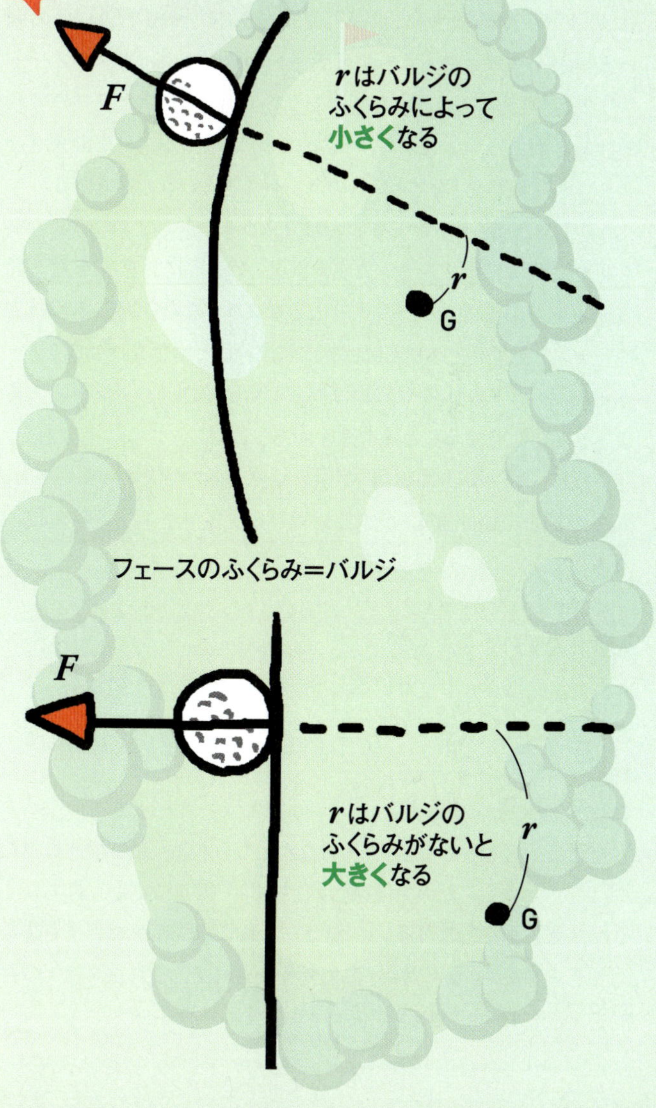
F
rはバルジの
ふくらみによって
小さくなる
r
G
フェースのふくらみ＝バルジ
F
rはバルジの
ふくらみがないと
大きくなる
r
G

れば、衝撃抗力に逆らってヘッドが回転するのを防げるから、これは「グリップの強さ」に関係した量である。つまり「握力」の強い人ほど、スウィートエリアは大きいわけだ。よってスウィートエリアは「握力エリア」でもあることになり、これはクラブの客観的性能を表さない。だからメーカーが「スウィートエリアの大きなクラブを開発した」などというのは言いすぎというわけである。

しかしそれにもかかわらず、やはりスウィートエリアの大きなクラブの開発は重要である。たとえば図4のように、重心を通る鉛直線の周りの慣性モーメントの大きなクラブなら、同じ衝撃抗力のモーメントでも、ヘッドは回転しにくいことになる。つまりメーカーが、ヘッドの体積や質量は同じでも、慣性モーメントの大きなヘッドを開発することには意味があるのだ。

さらに、許される回転角（実際には立体角）が決まっていても、重心の深さ（重心深度）が大きいほどスウィートエリアの面積は大きくなる。このようにして、同じクラブでも、

★重心深度の大きなもの
★ヘッドの後方がせりだして上から見て面積の大きなもの
★ヘッドの質量の大きなもの

などがよいことになる。

ただし、もちろん「過ぎたるはなんとやら」で、上の特性もただやたらと大きくしたのでは「虻蜂取らず」。振りにくく、打ちにくくなってしまうことが多い。ただ、これまでに述べたさまざまなスライス対策（フック対策）に実効がなければ、これらクラブの性能を上記に即して変えてみるのもおすすめである。

図4　ヘッドの回転しやすさ、しにくさ

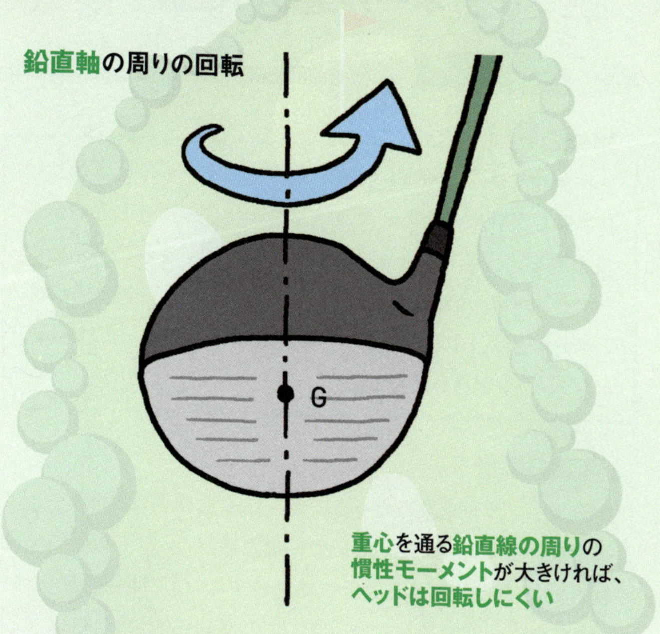
鉛直軸の周りの回転
G
重心を通る鉛直線の周りの慣性モーメントが大きければ、ヘッドは回転しにくい

極意のまとめ

スウィートスポットを狙ってボールを当てよ。外してもスウィートエリアの範囲に収めよ。スライス、フックをださない対策には、わざとスウィートスポットを外して打つ方法が有効である。

1-7 ボール選びの極意

始めの極意

ボールには飛びやすいもの、曲がりにくいものを求めなければならない。しかし、ときとしてこれらが両立しないから注意する。自分のヘッドスピードを知って、それに合ったボールをメーカーの説明書で決めることが大切だ。曲がりにくいボールとは、中心と重心が一致しているもので、これは「転がりテスト」を自分でやる。

極意の解説

ボールがフェースに当たったとき、強く反発されればボールは大きな初速度で打ちだされるので、飛距離がでる。このため反発の度合いに関心が集まる。そこで登場するのが「反発係数」というものである。国際基準によって、この反発係数eは0.83以下と決められている(図1)。

しかしアマチュアは、この反発係数のことを気にすることはない。ほとんどのメーカーは、この国際基準すれすれまで性能を上げたフェースを開発しているからである。だからアマチュアが飛びを求めるとすれば、ヘッドの反発係数ではなく、飛距離のでるボールである。

しかし、これが実にややこしい。

もっとも値段の高い「よく飛ぶ」と宣伝されているボールが、本当によく飛ぶかどうかはあなた次第なのだ。つまり人によってヘッドスピードが異なり、この違いによってボールを選定しなけれ

図1 国際基準で定められている反発係数

$$反発係数\ e=\frac{v'}{v}<0.83$$

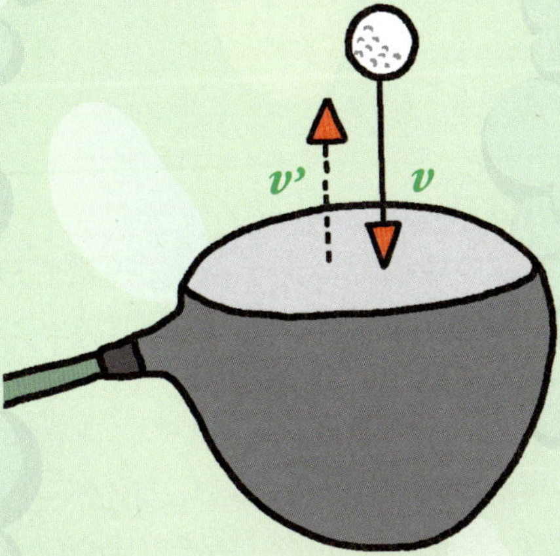

ばならないのだ。では、いったい自分のヘッドスピードはどうやったらわかるのか？　もちろん、少し大きなゴルフショップなどでは「棒切れ」を力まかせに振ると、そのときのヘッド速度が測定できる装置が置いてあるので、これを利用するとよい。

しかし、実はこの測定器はあまりあてにはならない。シャフトの太さが違い、ヘッドがウッドのヘッドと大きく異なるから、振る力の入り方が違ってしまう。それに測定器はシンプルなので思いっきり振れるが、実際のドライバーでは方向性を気にして思いっきりは振れないのだ。

私の場合、この測定器では39～40m/秒と測定されたが、実際にドライバーを素振りすると37m/秒程度となった。そこで常日頃の飛距離の平均から、おおよそのヘッドスピードを判定したほうが現実的である。ちなみに、インターネットを利用して、アメリカ製の測定器を買うのも悪くない。ちなみに以下は、一般的なゴルファーのヘッドスピードと飛距離の目安だ。

★女性シニア：35～36m/秒、飛距離は140～150ヤード

★若い女性、男性シニア：37～38m/秒、飛距離は170～200ヤード

★若い男性、女性プロ：39～41m/秒、飛距離は230～260ヤード

では、あなたの通常の飛距離が190ヤードぐらいとしよう。このとき、あなたのヘッドスピードは37～38m/秒と判断する。そこで、この範囲でいちばん適当なボールを決めることになる。メーカーのパンフレットを見てみよう。

たとえばダンロップのWebサイトやパンフレットで、ボールの

写真1 ダンロップ「ゼクシオ DC」

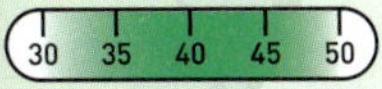

写真2 ダンロップ「DDH ツアースペシャル SF」

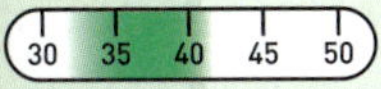

ボールは自分のヘッドスピードにあったものを選ぼう。ボールの特徴は、カタログがなくてもメーカーのWebサイトで確認できる

写真提供：SRIスポーツ

※適応ヘッドスピードはダンロップのWebサイトを参考に作成

性能表を検討する。すると、有名で同社が宣伝にも力を入れているボール「**ゼクシオDC**」(写真1)などは、決して適当ではないことがわかる。適応ヘッドスピードが38～42m/秒前後だからだ。むしろ、これより値段が安く、適応ヘッドスピードが36～38m/秒前後の「**DDH ツアースペシャル SF**」(写真2)のほうが、この程度のヘッドスピードでは最適であることがわかる。

ボールメーカーの数は少ないから、Webサイトを見たりパンフレットを全部揃えるのに苦労はない。面倒がらずに、丹念にこれらのパンフレットを見ることが大切なのだ。このようにして選んだボールの飛距離は、いいかげんに選んだボールより5ヤードから15ヤードは大きくなる。

こうして慎重に選んだボールにはもう1つのチェックポイントがある。それは重心と中心の不一致という深刻な問題である(図2)。ボールは球型であるから、ボールの中心に重心もありそうなものだが、実際はそうではない。もし重心が中心からずれていると、ボールは曲がって飛ぶ。

これが特に重要なのはグリーンでの転がりである。たとえば図3のように、重心が中心の右にずれている場合には、ボールは右に曲がってしまう。もちろん、これをわれわれが簡単に補正することなどできないから、あらかじめテストして、重心が中心からずれている悪いボールを除外するのである。

テストは簡単にできる。よく見かける「パター練習器」を使えばいいのだ。パター練習器のカップは、図4のように高くなっているから、そのカップのあたりからボールを放す。よいボールなら白く引かれた線上をきれいに転がって、この白線からずれることはない。ところがこのテストを何回かやるうちに、なんと数センチもずれるボールがあるのだ。

図2 重心と中心の意外な関係

なお、中心と重心がずれていても、中心とずれた重心の線分がわかれば、これをカップに向けて打つことでうまく転がる。そこでアメリカでは、ボールを回転させてこの線分を描けるモーターが販売されている。これもインターネットで購入可能だ。

極意の科学

注意しなければいけないことは「ヘッドスピード」vと、「ボールの初速度」Vの違いである。いま、質量Mのヘッドが質量mのボールに当たったとすると、

$$V = v(1+e)(M/(M+m))$$

ボールの初速度＝
ヘッドスピード×(1＋反発係数)×(ヘッドの質量/(ヘッドの質量＋ボールの質量))

となる。ここでeは「反発係数」である。反発係数は前述のように、上限0.83という規則にしばられている。右の質量比($M/(M+m)$)はおよそ0.86ぐらいであるから、あまり快心のヒットでなければ、eは0.8ぐらいとしよう。すると、上の式はおよそ、

$$V = v(1+0.8)\times 0.86$$
$$= 1.548v$$

と書ける。つまりボールの初速度は、ヘッドスピードの約55％増しということになる。実際にレーダーなどでボールの初速度を測ってみるとこの程度である。

最近ボールの製造技術が進歩して、ボールの内部は3層構造に

図3 重心がずれていると……

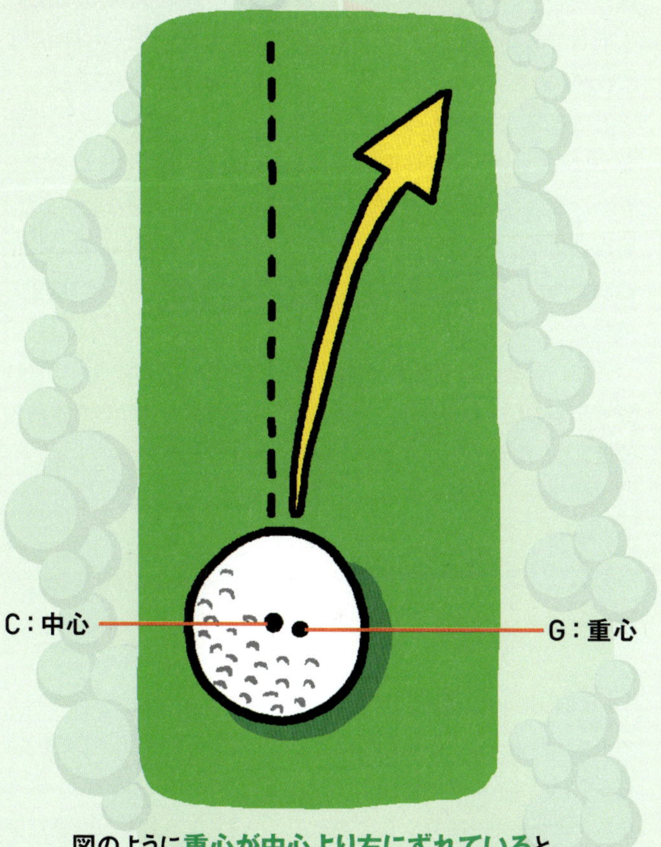

図のように重心が中心より右にずれていると、
ボールは右に曲がってしまう

なってきた。3層構造のボールは、もちろん構造が複雑なだけ値段も高い。このようなボールは、特にインパクト力(抗力)が強い人向きである。強くインパクトすれば、それだけボールは内部までゆがみの影響が伝わるため、その対策が施されているのだ。

ところが、力のないシニアや女性などでは、内部のゆがみは重要ではない。だから2層構造で十分といえる。そのほうが値段も安い。非力な人が最高級の3層ボールを使う理由はない。また3層構造になって内部が複雑になると、どうしても中心と重心の位置がずれてしまう。このこともすぐれたパットをするためには重要である。

さて、最後に反発係数の物理的定義を述べておこう。これは57ページの図1のように、一般にボールがフェースに当たる前の速度vと、跳ね返されたときの速度v'の比で定義される。

$e=v'/v$

反発係数＝跳ね返されたときの速度／ボールがフェースに当たる前の速度

vとv'の違いは、衝突のときのエネルギーの損失による。このエネルギーの損失が0の場合には、もちろん$v=v'$となり$e=1$である。もっていたエネルギーがすべて失われるときは$v'=0$となり、$e=0$となる。エネルギーは熱や音に変わる。つまり、一般に反発係数は0と1の間の値をとることがわかる。

図4 重心が中心からずれていないボールの見つけ方

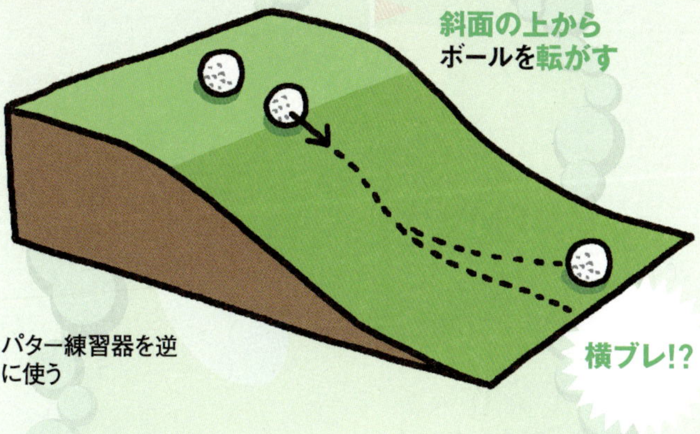
斜面の上から
ボールを転がす
パター練習器を逆
に使う
横ブレ!?

極意のまとめ

ボールの宣伝に迷わされてはいけない。メーカーはすべてのボールに「最高の飛距離」とうたっているのだから。自分に合ったボールを選ぶのが肝要である。それにはメーカーのWebサイトやパンフレットをよく読むこと。自分の飛距離からヘッドスピードを算定して、これに合致するボールを選定する。あとは自分で打ってみて確かめる。パットテストで曲がってしまうボールは重心が中心からずれているので、テストして除外すること。

第2章

フェアウェイウッドの極意

2-1 ダフリとトップを避ける極意

始めの極意

ダフリがで始めたら、ボールをもっと右に置き、ボールの頭を狙って打つ。トップがで始めたら、ボールをもっと左に置き、ボールの下を狙って打つ。ボールを切り刻むようにV字型に振り下ろす。

極意の解説

ダフリとは、ボールの手前の地面をたたき、クラブヘッドはそこで跳ね返され、その後ボールに当たる。このためボールは上がらず、図1のようにチョロチョロとフェアウェイを転がってしまって飛ばない。このようなことがないようプレーするのは簡単である。右手に力を入れず、ボールの下の隙間にヘッドを入れる気持ちで打てばよい。しかしこれは簡単なようで、思いのほか難しい。

そこで誰にでもできる対策は、ボールの位置をずらすことである。図1のように、ボールの手前に地面をたたいているのだから、その手前あたりにボールをもってくるわけだ。ただし、このときには図1のようにまだ十分ヘッドが飛球線方向に返っておらず、いくぶんフェースは右を向いているから右方向にでやすい。そこでこの打ち方では、多少左を向くことが大切である。

これとは逆にトップは、ヘッドが地面どころかボールにすらまともに当たらないことである。空振りならいいが、なまじっかボールに当たると、ボールの上部に当たり、ボールは上がらず、チョロチョロとフェアウェイを転がる（図2）。

図1 ダフリ対策

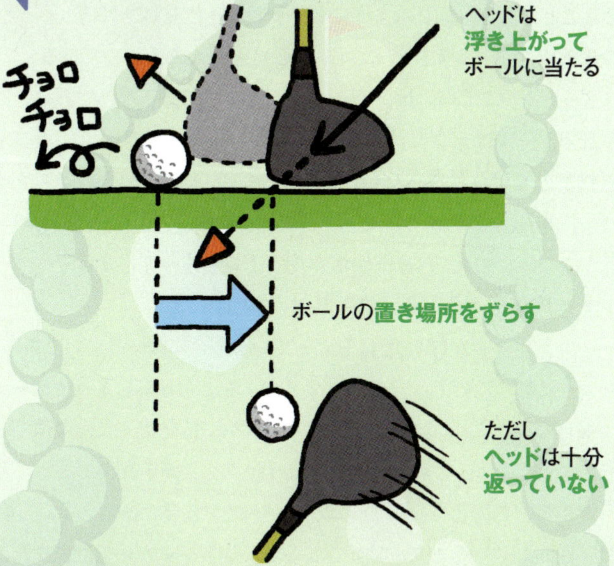
チョロ
チョロ
ヘッドは
浮き上がって
ボールに当たる
ボールの置き場所をずらす
ただし
ヘッドは十分
返っていない

図2 トップとその対策

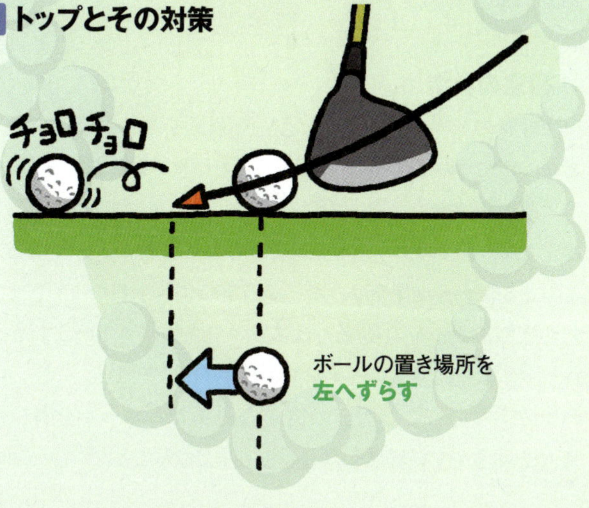
チョロ チョロ
ボールの置き場所を
左へずらす

これを避ける方法はない。しいていえば、ボールを左に移動させることである。図2のようにボールがもっと左にあれば、ヘッドの最下点がボールの位置に到達する可能性があるからである。

もっとややこしいのは、ボールが深いラフにあるときである。このときボールはラフに沈んでいるのか、それとも浮いているのかを判断しなければならない。浮いているときには大きめのドライバー、つまりドライバーやスプーン(3番ウッド)を使う(図3)。そうでないとクラブヘッドがボールの下にもぐってしまって、ボールが異常に高く上がり、飛距離はでない。

一方、ボールが深い芝にもぐっているときにはやっかいである。ふつうに打ったのでは、芝にエネルギーをとられてしまってボールは飛ばない。この場合、クラブフェースは芝を切りこんでゆくので、エッジのするどいアイアンのほうがウッドより有利である。

だから、このような場合にウッドを使う必要があるときは、図4のようにU字型スウィングではなく、V字型スウィングにすれば芝の影響が少ない。

極意の科学

ダフリのとき、ヘッドはどういう運動をするかを見てみよう。まず、ボールの手前の地面に当たったヘッドはここで跳ね返される。跳ね返された直後に図1のようにボールに当たる。このときヘッドは、図1のようにボールよりも高い位置でボールに当たる。このときヘッドの重心は、ボールの重心より上になってしまう。

つまり、ボールの衝撃力はスウィートスポットの下にかかり、ヘッドには左回りのモーメントが発生(1−3参照)し、ボールは上に上がらない。この場合の簡単な対策は、ボールを右に置き、地面を叩きやすい場所にボールをもってくることだ。

図3 ボールが芝に浮いているとき

ボールが芝に浮いているときは大きめのウッドを使う

さて、このときスウィングの軌道を上から見てみよう。ふつうのスウィングの軌道では、左足付近の左手を中心とする円軌道となる。従って、ボールを左足付近より右にもってくるとインパクトが早めになって、フェースはまだ右に傾いていることになる。だからこのままインパクトすれば、ボールは右方向に飛んでしまう。これを避けるためには、少し左を向くのである。

このほかの簡単な対策もある。それは「ボールの下の隙間を見つめてボールを打つな。むしろボールのてっぺんを見つめて打て」というものである。これはいくぶん、心理的な作戦ともいえる。いつものようにボールの下を見つめてヘッドを当てたのに手前を打ってしまったのだから、それならその場所より前、つまりもっと左を狙って打ち下ろせばよいわけだ。

もっと極端なことをいえば、クラブヘッドで「ボールを切り刻んでしまうように」振り下ろす。つまり通常のU字型スウィングではなく、V字型スウィングで打ち下ろすのだ(図4)。こんなことをやったらボールの頭をたたいてトップになるのではないか、と不安になるであろう。

それがだいじょうぶ。確かにヘッドは、このときボールの上部に当たってトップするように見える。しかしこれでボールは高く上がるのだ。なぜか？　それはボールが地面から受ける抗力と関係する。図4のようにV字型に振り下ろされたヘッドは、ボールに前向きの力と、下向きの力を与える。ところがこの下向きの力の反作用がボールに加わり、これによってボールは上がることになる。U字型スウィングのトップ打ちとV字型スウィングのトップ打ちを比較してあるので、参考にしてほしい。

ここで大切なのは、反作用が発生するのは地面が固いときにかぎられることだ。ぬかるみや砂地では、まったく反作用をあてに

図4 ボールが芝にもぐっているとき

するどいV字型スウィングを行う。
U字型スウィングでは
芝にエネルギーを
とられてしまうからだ

できない。先に述べたことは、トップ打ちを避ける方法としても重要である。

極意のまとめ

ダフリを避ける打ち方は、ボールを右に移動させ、体は少し左向きにして、ボールのてっぺんを狙う。トップを避ける打ち方は、ボールを左に移動させて、ボールを切り刻むようにV字型打ちをする。

2-2 フェアウェイウッドの方向性こそ命

始めの極意

ウッドはよく飛ぶ。しかし、方向性がその日によって違ってくるから、細心の注意を必要とする。正確な調整はグリップの右手の位置と左足の位置で行う。

極意の解説

3、5番ウッドはパー3、4、5(これらを「ショート」「ミドル」「ロング」という人がいるが、これは間違った英語)いずれでも、ひんぱんに使用する最重要クラブである。たとえばパー4のホール、2打目で3、5番ウッドを使いグリーンに乗せて、パーやバーディを狙うのだ。このときもっとも重要なのは、狙ったピンになるべく近く打つことである。つまりウッドの方向性が問題なのである。

ところがウッドは同じグリップ、同じ球位置で打っても、左右10ヤードは、ぶれてあたり前。ひどいときには20ヤードもグリーンから外れて1～2打失うことになる。これが日替わり、時間替わりだから困ってしまう。だから、自分のその日の球筋を見極め、それに逆らわずその場で調整するのだ(これは1－3で紹介した第1打の調整とほとんど変わらない)。

❶右5ヤード程度ずれるときの対策

グリップ右手を右に5mm回して固定、またはボールを2cm左に置くか、左足を2cm内側にずらす(図1)。

❷右10ヤード程度ずれるときの対策

図1 右5ヤードのずれ対策

5ヤード
1
2
ボールを
2cm左へ
or
左足を
2cm内側（右）へ
右グリップを
右へ5mm回してにぎる

グリップ右手を右に10mm回して固定、またはボールを4cm左に置くか、左足を4cm内側にずらす。

❸左5ヤード程度ずれるときの対策

グリップ右手を左に3mm回して固定、またはボールを2cm右に置くか、左足を2cm外側へずらす(図2)。

なお、この対策は、ボールがスウィートエリアに当たったことを前提にしている。極端に右に行く場合、それはミスヒットで、スウィートエリアから前方、つまりトウ寄りに外れているのだから、そもそものスウィングが悪いのだ。これは練習あるのみ。その場での微調整の枠外である。

極意の科学

なぜ右手グリップを移動させると左右に打ち分けられるのか？　それを納得するためには、図3のように右手を思いっきり(苦しいほど)右に回して固定する(これは1－3の第1打の調整で述べたことだが復習する)。この状態でスウィングすると、右手のねじれは途中で自然にほどけて中心位置に戻ってくる。つまり、グリップはおのずと左回りに回転しているわけだ。これによってフェースも左に回転してボールをとらえ、ボールは左打ちとなり、右軌道が修正される。

次はボールの移動である。ピンより右に行きやすければボールを少し左に移動させる。このようにすればヘッドがボールをとらえるまで少々時間がかかる。このためその間、フェースは少し左向きとなる。図4に、時間ごとのヘッドの位置とフェースの傾きを示してある。つまり、ヘッドとボールとのインパクトの時間が遅れるほどフェースは左に向くわけである。この原理を利用して、

図2 左5ヤードのずれ対策

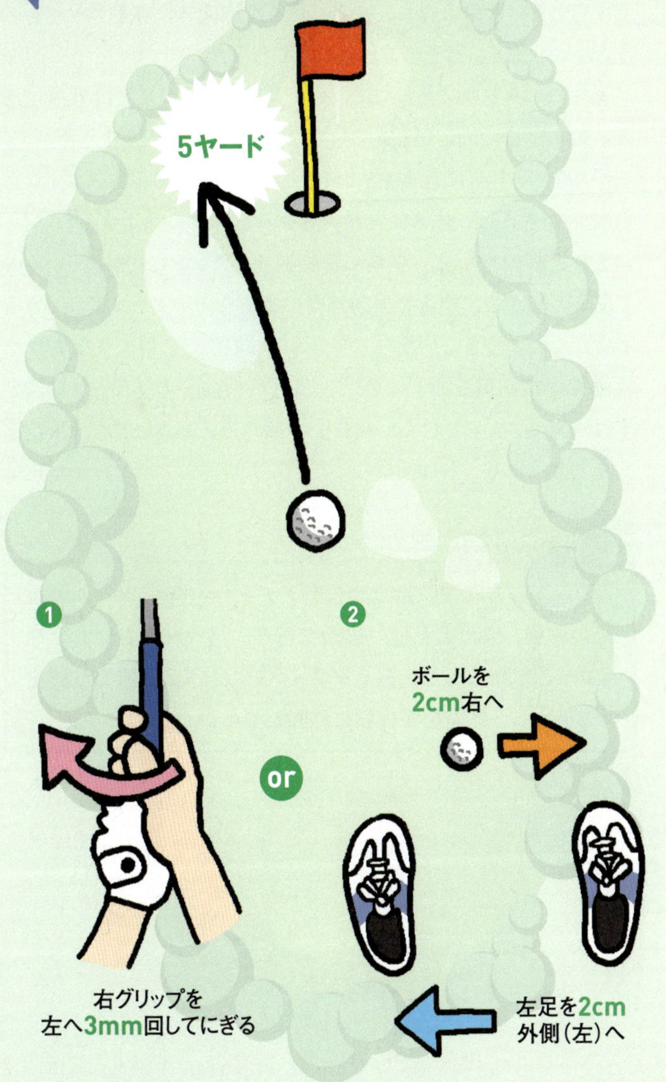
5ヤード
①
②
ボールを
2cm右へ
or
右グリップを
左へ3mm回してにぎる
左足を2cm
外側（左）へ

ボールを左向きに修正するわけだ。なお、この種のボール移動をわずらわしいと思うなら、左足のほうを内向きに移動させてもかまわない。図4にはそのことを示してある。

もちろん、プロにとっては、以上述べたようなことは邪道である。彼らは自分のスウィングを意のままに変えられるそうだ。「ピンから5ヤード右に行きやすいぞ」と判断すれば、少しスウィング軌道を大きくして強めに打つ。運動神経をフル活用するわけだ。つまり大脳の指令で、小脳の運動指令をコントロールしているのである。しかし、そんな運動神経の制御などアマチュアにできるわけがない。できないからアマチュアなのだ。このような場合は運動神経の制御をあてにしないで、「機械的」「力学的」な対策をすればよい。プロでなくても右手の握り方、あるいはボールの位置を移動させることは簡単なのだ。

極意のまとめ

ウッドの方向性の調整は右手グリップの移動、ボールの位置の移動、または左足の移動で行う。「5ヤード右に行きやすい」と判断したら、右手グリップを右に5mm回して固定する。あるいは左足を内側に移動してもよい。

図3 右手のグリップを右に回して固定する理由

左回転
右手のにぎりを
極端に右へ回してグリップ
→ヘッドは自然に左回転

図4 時間ごとのヘッドの位置とフェースの傾き

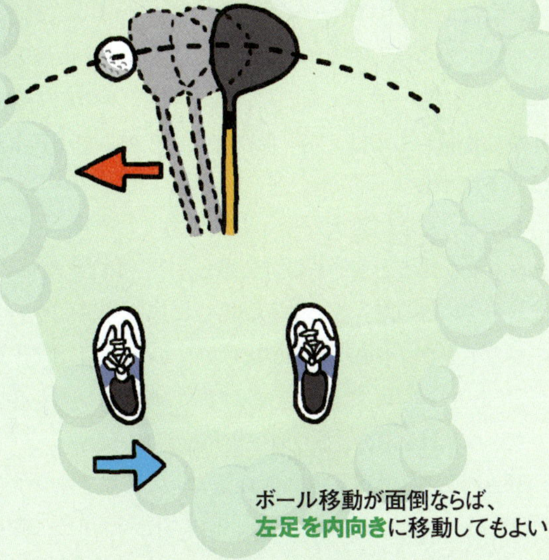
ボール移動が面倒ならば、
左足を内向きに移動してもよい

2-3 3番ウッドは2本もて

始めの極意

3番ウッドでは肉厚の薄いウッドでフェアウェイから打つが、ラフにボールが浮いているときには、厚みのある3番ウッドを使う。

極意の解説

きれいに刈り込んであるフェアウェイ、あるいは冬枯れした芝のフェアウェイでは、ボールは硬い地面に乗っていると考えてよい。この状態がアマチュアにはいちばん難しい。スウィングは地面をたたきすぎないようにしなければならないが、そうかといって、たたかなければボールは上がらない。

では、なるべくボールが上がるようなウッドとはなにか？　それは肉厚の薄いウッドなのだ。つまり図1下のように、肉厚が薄く重心が低いものは、ボールの重心より重心が下になり、ボールは高く上がる。

しかし、ここに重大な落とし穴がある。それは、ラフでこれらのウッドを使うときである。このときボールは芝や草の上に浮き上がっているのだ。このような場合に肉厚の薄いウッドでは、ボールの下をウッドのヘッドが抜けてしまう。いわゆる「ダルマ落とし」である（図2）。このときには肉厚の厚いウッドが必要なのだ。

だから私は2本の3番ウッドを持参している。

厚みのある3番ウッドの使い道は、このようなラフのときだけではない。実はフェアウェイが、雨のあとやわらかくなっていると

図1 肉厚の薄いウッドはボールが上がる

肉厚の厚いウッド

肉厚の厚いウッドは
重心がボールの重心よりも高いので
ボールが上がりにくい

肉厚の薄いウッド

肉厚の薄いウッドは
重心がボールの重心よりも低いので、
上がりやすい

きがある。雨でなくても、河川敷や水はけのよくない山や崖のふもとはやわらかい。

もちろん足で周りを踏んでみて、水がびしょびしょ浮いてくるような場所ではウォーターハザード扱いでよく、ボールを硬い場所に移動できる。しかし、水が浮きでてこないのに地盤がやわらかい場合が問題なのだ。このようなときにはやはり肉厚の厚いウッドで、地面への食い込みを気にしないでインパクトするのだ。

極意の科学

図3に示すように、ほとんど芝のないフェアウェイでは、ボールの重心よりウッドの重心が上になってしまう。そのいい例がドライバーである。ドライバーのヘッドは大きく、重心は上にある。これではボールは上がらない。なぜか？

それはこうである。ボールの重心がウッドの重心より下にあると、図3のようにボールはスウィートスポットの下にインパクトする。このとき、ヘッドには左回りの力のモーメントがかかる。だからフェースは左回転して、ボールは下方に打ちだされるわけである。

肉厚の薄いヘッドのウッドを使えばこのようなことは起こらず、ヘッドの重心はボールの重心より下にきて、インパクトをスウィートスポットに合わせることができる。アメリカなどではボールの厚み(直径)より薄いウッドが売られている。これではいかなる場合にもヘッドの重心はボールの重心より下にきており、ボールが上がらないということはない。

もちろんこれで怖いのは「ダルマ落とし」である。だから厚手の3ウッドをもう1つ持参すればよい。

すぐれた製品では、わざわざウッドを2本もつわずらわしさを避

図2 薄いウッドの欠点

芝や草の上に浮き上がっている場合、
肉厚の薄いウッドでは
ボールの下をヘッドが抜けてしまう

けるため、工夫をこらしたウッドが市販されている。つまり、ダルマ落としにならないようにある程度の厚みをもたせ、しかし重心は低くなるように、ヘッドの重さの配分を工夫しているのだ。

それが各メーカーのいう「低重心ウッド」である(写真)。たとえばヘッドの下や横を見ると、妙なねじやおもりがついているものがある。これでなるべく重心を下げているのだという(くわしくは5−4参照)。

しかし効果はあるものの、この効果は限定的と考えることである。このようなおもりの配置だけでは、おいそれとボールは上がってくれない。なぜか?

フェアウェイウッドでボールを上昇させるためには、ある程度の力が必要だからである。いくら重心が低めのウッドを使っても、力強く打ち込まなければボールを押し上げる力はでてこない。

極意のまとめ

芝の薄いフェアウェイでは肉厚の薄いウッド、芝の厚いラフでは肉厚の厚いウッド、この2本を使い分ける。芝が相当厚い場合には、思い切ってドライバーでたたく。

図3 ボールが上がらない理由

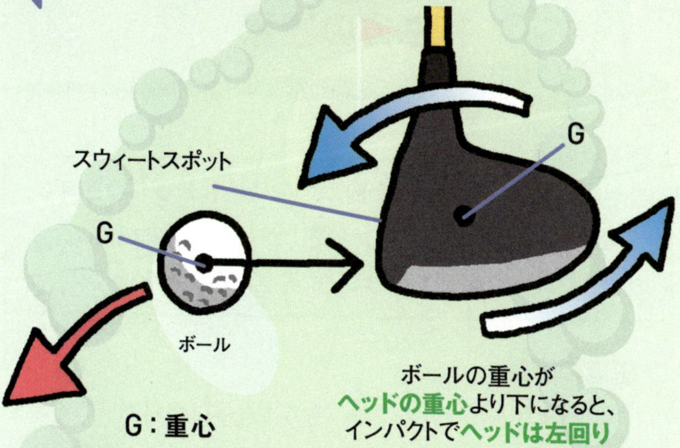

写真 低重心ウッドとは？

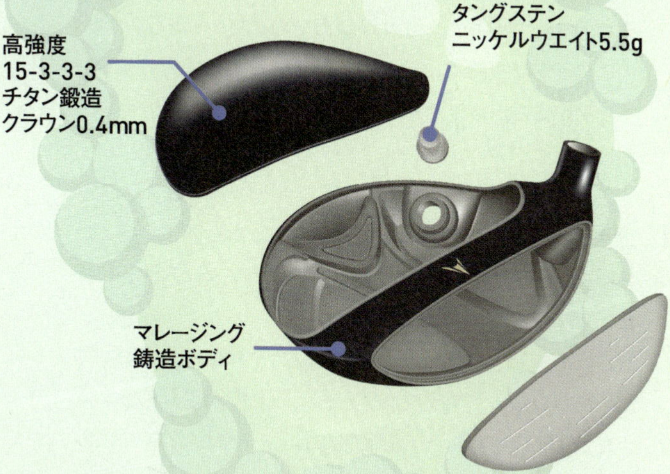

ダンロップの低重心ウッド、「ザ・ゼクシオ」フェアウェイウッド。5.5gのタングステンニッケルウェイトをもつ

写真提供：SRIスポーツ

2-4 下り（左足下がり斜面）での打ち方の極意

始めの極意

左足下がり（下り）の斜面ではボールを右に置き、左を向く。これでまっすぐ高く上がる。左足上がり（上り）斜面では、上の逆に打つ。つまりボールは左に置き、体は右を向く。

極意の解説

下り、つまり左足下がりでは、もちろん体は傾斜している斜面に垂直に立つよう努力する。しかし、これは簡単のようで完全にはうまくいかない。このため体は斜面に垂直には立っておらず、斜面が図1のように右上がりとなっているため、ヘッドは早く地面に当たってしまう。これが斜面でのダフリである。

このダフリを防ぐには、ボールを右に寄せて置けばいい。早くヘッドがくるから、そのぶんボールを右に置き、早く「出迎える」わけだ。

しかしこれでうまく当たっても、ボールは右に飛んでいく。つまりヘッドは早くボールをとらえているから、まだフェースが十分標準の位置に返っていない。このためフェースは右に開いており、ボールは右に飛んでしまう。

これを避けるためには、いちばん簡単には左を向けばよいわけだ。あるいは、右手グリップを右に回して固定してもよい。

左足上がり（上り）の傾斜ではこの逆をやればよい（図2）。つまりボールを少し左に置く（左足の前より少し左）。これで、ヘッドは少し遅くボールに当たるから、ヘッドのフェースは左に向い

図1 左足下がり斜面(下り)の対策

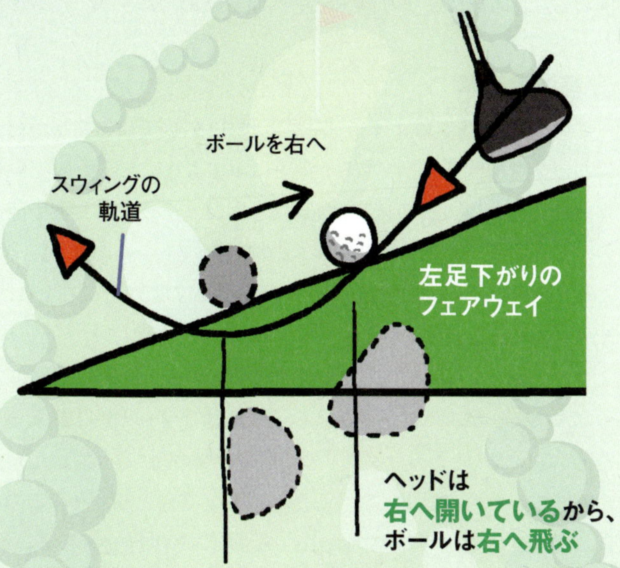

図2 左足上がり斜面(上り)の対策

左足下がり斜面とは逆のことをすればよい

てしまう。すると、ボールは左に飛びやすいので、体を少し右に向ける。あるいは右グリップを左に回し緩めてにぎる。

極意の科学

この力学の基本は、下り（左足下がり）斜面ではダフリが発生するのを理解することである。図3に示すように、斜面に完全に垂直に立てれば、この極意は必要ない。ところがよほど運動能力のすぐれた人、たとえばサーカスの演技者でもないかぎり、そのようなことは不可能なのだ。特に傾斜角が7度以上にもなれば、サーカスの演技者でも斜面に垂直に立つことは難しい。

さて、図3をもう一度見ていただこう。いま、斜面に垂直に立つゴルファーがスウィングをして、円軌道でヘッドを打ち下ろしたとする。このときにはダフリの心配などない。

ところが垂直には立てず、aだけ傾いて立つとしよう。このとき、ヘッドは地面手前に当たる。スウィング半径をRとすると、このずれはおよそRaと考えてよい。

つまり、ダフリのずれはスウィング半径が大きい人ほど大きく、傾斜での傾きの大きいところほど大きくなる。ボールにヘッドをうまく当てるためには、図1のようにボールを移動しなければならない。

スウィング半径（実際のスウィング半径を斜面に沿った鉛直面に投影したもの）Rは、私の場合140cmぐらいで、斜面の傾斜角が10度（0.17ラジアン）のときには、

$$Ra = 140\text{cm} \times 0.17\text{ラジアン} = 23.8\text{ cm}$$

となる。つまり、なんと約24cmも手前でボールをたたくことにな

図3 スタンスは少し左を向く

斜面に直角に立つスタンス。
これからaだけ傾いて立つ→
Raだけのダフリ距離。
Rはスウィング半径

るから、ボールを右に約24cm移動させなければならない。これはとんでもない幅である。

しかし、人は実際には傾斜に立つとき、そのまま素直には立たない。なるべく傾斜に垂直に立とうとするから、*a*はずいぶん小さくなる。およそ半分の角度まで無理して体を傾けるとすれば、この距離は12cmぐらいなのだ。これでもわりと大きな距離である。だからボールを右に寄せるとき、思い切って大きく寄せることが大切なのだ。

極意のまとめ

左足下がり（下り）斜面では、なるべく斜面に垂直になるように立つ。しかし、それが不可能なときには無理をせず、ボールを右に思い切り移動する。左足のつま先から両足の真ん中までもってきてもかまわない。しかしこれでは、ボールは右に飛ぶから、左を向くことを忘れてはならない。

2-5 前上がり斜面では左を向け(右ではない)

始めの極意

前上がり斜面ではスタンスは左向き。これは、ほとんどすべてのほかのゴルフ教本とは逆である。

極意の解説

前上がり斜面が、ボールが静止できないほどの急勾配であるとしよう。このときボールを打てば、図1のように左に飛ぶ。このことから一般のゴルフ教本は「前上がり斜面ではボールは左に飛ぶから、スタンスは右に向け」と教える。

しかし、これは正しくない。一般には前上がり斜面といっても、その勾配は小さいのだ。せいぜい5度から15度ぐらい。仰角30度で上がるクラブで10度の斜面から打つとすると、一体どれほど方向性に狂いが生じるのか?　この計算は、大学の理工学部の3年生ならできるはずである。答えをいえば、およそ「左方向5.6度」ということになる。

これは結構大きいように見えるが、そうではない。時計の長針の12時正午の方向を飛球線方向とすると、5分で30度、1分では6度に相当するから、5.6度は、長針の方向が正午から56秒だけ手前の方向である(図2)。これはとてもアマチュアの打ち分けられる方向ではない。たった56秒分だけ左の位置方向を考えて右に向けば、大きなミスとなる。

そこでアマチュアはこの斜面を気にせず、まっすぐを狙うのだ。いや、むしろ左を向くのだ。左を向くのは、以下の理由による。

図1 前上がり斜面ではどうすればよい?

飛球線
前上がり斜面では
ボールは左に飛ぶか?

図2 方向性の狂いはどれくらいなのか

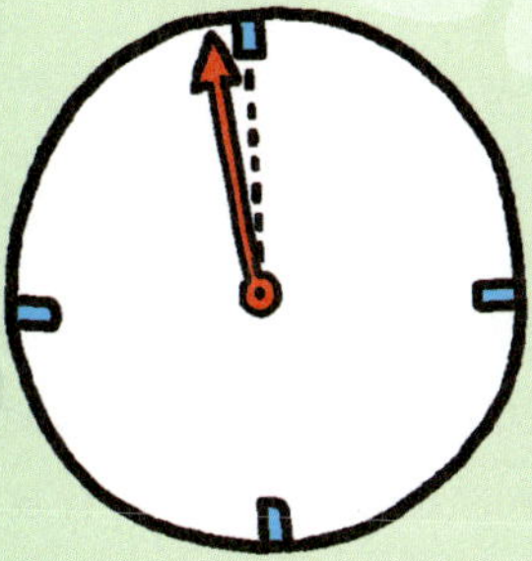

11時59分4秒のときの
長針の方向

前上がり斜面では、ボールの位置は足元の位置より少し高くなっている（だから前上がり斜面というのだ）。このとき、ヘッドが最下点に達する前にヘッドはボールに当たってしまう。ヘッドが最下点に到達しなければ、ヘッドフェースはまだ右を向いている。従ってここでインパクトすれば、ボールは右向きに飛ばされることになる。これを避けるためには、スタンスは左向きということになるのだ。

極意の科学

図3のように飛球線方向にz軸をとり、傾斜がないとき地面に平行で飛球線に垂直な方向にx軸をとる。y軸はこれらに垂直である。すると、仰角αで飛ばされたボールの速度の方向は、

x方向　0
y方向　$\sin\alpha$
z方向　$\cos\alpha$

となる。

そこで、地面を前上がり、つまりx方向にθだけ傾けるとしよう。同じ条件で打たれたボールの、それぞれの速度成分はどう変わるか？　くわしい計算は省くがこれは代数の「回転行列」の手法で計算できる。

ここでわれわれに興味があるのは、ボールが左右の方向にどれぐらいずれるか、つまりx方向なのだ。計算すると、最終的に左方向にずれる角度は近似的に、次のようになる。

ずれの角$=\tan\alpha\sin\theta$

図3 ボールが左右にどれほどずれるか求める

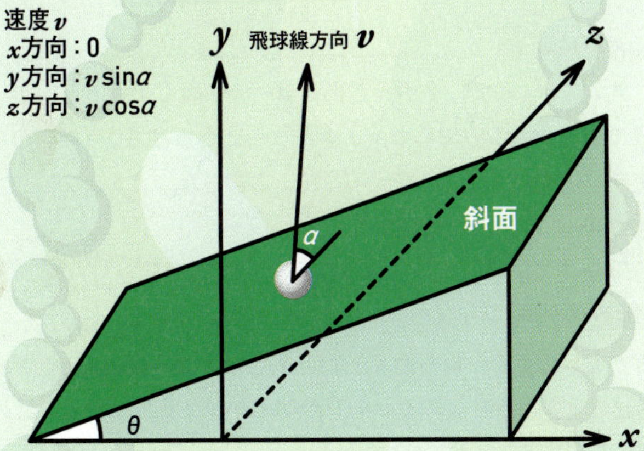

この式に $\alpha=30$度、$\theta=10$度を代入すればよい。これでずれの角度は計算できるのだ。

極意のまとめ

前上がり斜面では、むしろ左に向かって打て。前下がり傾斜ではこの逆である。この場合には決して右に飛ぶとは考えないこと。

2-6 木の下にあるボールはドライバーで打て

始めの極意

フェアウェイで、木の下にあるボールは高く上げると木の枝に引っかかる。そこで、ドライバーを小さなスウィングで使う。迎角はおよそ5度だ(図1)。このとき、グリップの強さでボールの高低を加減する。

極意の解説

木がじゃまでボールを高く上げられないときのテクニックである。このときスウィングは、せいぜい肩の高さ程度である。このようにしてスウィングしたときのインパクトは、図2のようにボールの重心がヘッドの重心(スウィートスポット)の下にくる。このようなインパクトだと、ヘッドには図2のように左回りの力のモーメントがはたらき、ヘッドは左回りとなる。このためインパクトの瞬間、フェースは下を向き、ボールは下に飛ばされる。

このため、木や木の枝を避けて、ボールを木の下からフェアウェイにだせる。しかもドライバーなので、結構飛距離は大きいのだ。木の枝などがおおいかぶさり、ほとんど空間がないときには、ボールを上げる位置は腰の高さ以下、しかし芝や草に食われるほど低くては飛ばないから、ある程度は上に上げるわけだ。

このような場合には、ドライバーを軽くボールの下をめがけて打つ。木の枝が5m以上ならば、もっとボールを上げればよい。そのためには、思い切ってドライバーのヘッドをボール下の地面めがけて強く打つ。このときグリップを強く握っていることが重

図1 じゃまな木の枝があるとき

木の枝がじゃまして打てない→
5度くらいの迎角で打つ（高く上げない）→
ドライバーで打つ

要である。なお、ここでわざわざドライバーを使うのは、高く上がらなくても飛距離はだしたいからである。この打ち方でもうまくゆけば130ヤードも飛び、木の下からでも2オン（2打目でグリーンに乗せる）できるのだ（パー4のホールの場合）。

極意の科学

なぜドライバーで多少高く上げるためには、グリップを強く握るのかを説明しよう。それは、左回りのヘッドの回転を力ずくで抑えて、フェースが下を向くのを少しでも抑えるためである。

ところがこの場合の力のモーメントは相当大きく、か弱いグリップでは歯が立たないことが多い。そんなときには特別な工夫が必要である。そのとっておきのテクニックは、右手グリップをあらかじめ大きく左に回して固定しておくことだ。こうすればインパクトの瞬間に腕や右手首がもとの位置に戻ろうとして、右手グリップは右に回る。つまりこれでフェースが下に傾くのを抑えられる。これで硬い地面からボールを5〜10m上げて飛ばせる。

極意のまとめ

木の下にボールが転がったとき、「木の枝がじゃまで打てない」とあきらめるのはもってのほかである。グリーンさえ見えていれば、ドライバーでグリーンに乗せることは難しくない。上部の空き空間が少ない場合は、芝や草に食われない程度に打つ。やわらかにドライバーをボールの下めがけて、腰の高さから振り下ろす。この空間が5〜10メートルある場合は、ボールを高さ5メートル程度まで上げて飛ばすことが可能だ。それはグリップを強くにぎること、また右グリップを左いっぱいに回して固定するのだ。

図2 小さなスウィングで打つ

ドライバーの**ヘッドは左回転**するので
ボールは**上がらない**

2-7 深く芝にもぐったボールは V字型スウィングで打つ

始めの極意

ボールが芝や草にもぐっている場合、クラブのヘッドはインパクトの前に芝や草でエネルギーを奪われて飛距離がでない。そこで図2のようにV字型スウィングをすれば、この芝や草で奪われるエネルギーを小さく抑えることができる。またエネルギー損失を小さくするためには、ウッドよりアイアンのほうがよい。

極意の解説

ボールの半分は芝や草の中という場合の打ち方である。特に夏場の、芝や草の勢いがいいときや、春の新芽がでる季節、雨に芝や草が濡れて抵抗が大きくなっているときには、通常の打ち方ではヘッドが図1のようにインパクトの前に芝や草の間を通過して、エネルギーを大幅に失ってしまう。

このエネルギー損失は意外に大きく、通常の半分も飛ばないことすらあるのだ。これでは1打も2打もスコアが悪くなる。

これを解決する方法は、通常のU字型スウィングではなく、思い切ったV字型スウィングである（すでに2－1でもふれた）。図2のように、V字型スウィングではヘッドが急激に下降するから、芝や草の部分を通過する距離が短く、それだけ芝や草によるエネルギーの損失が小さくなる。もっとも、どうすれば簡単にV字型打ちができるのかという問題はある。これは練習あるのみだ。俗に「日本刀で大根を切るように振り下ろす」と説明されている。

図1 U字型スウィング

アイアンはU字型スウィングでは
芝にエネルギーを**奪われる**

図2 V字型スウィング

日本刀で
大根を**切るかのように**

極意の科学

通常のU字型スウィングと、ここで述べたV字型スウィングの違いは、図1、2を見れば明らかだ。V字型スウィングのほうが、芝や草の部分を通過する距離が短いことがわかるだろう。だからこの打ち方では、エネルギーの損失が少なく飛びがよいことになる。うまくやれば、薄い芝のフェアウェイでの飛距離の90％ぐらいの飛距離をだすことができる。

ところで、V字型に振り下ろすスウィングではどうしても右手に力が入ることになる。このためボールは左方向に飛んでしまう。これが思わぬミスとなってボールを失うことにもなる。

また、ヘッドは急に芝や草に突き刺さるから、ヘッドのトウ寄りがまず草、芝に食われる。こうなるとヘッドは右回りに回転して、ボールは右に飛ぶことにもなる（図3）。つまり、芝や草の生い茂るラフでは飛距離がでないだけでなく、方向性が悪くなる。V字型スウィングで飛距離の目減りを少なくしようとしても、方向性が右や左に不正確になるのだ。早い話、こんな場合には、まずなによりラフに入れないよう細心の注意が必要である。

さて、このようなラフでのエネルギー損失の問題解決には、もう1つ大切なことがある。それはアイアンを多用することなのだ。ウッドとアイアンが同じようにラフを走った場合、実はアイアンのほうがエネルギー損失は小さくなる。

その理由は、これらのクラブのソール（底の部分）の形による。図4のようにアイアンのソールは薄く、ウッドのソールは厚い。一般にソールの幅は10倍も違う。ところで、このソールとラフとの摩擦はその接触面積に依存する。つまりアイアンはウッドに比べて、ラフとの接触面積が大変小さい。このためアイアンはラフでのエネルギー損失が小さいのだ。

図3 芝の影響を考慮する

図4 接触面積の差が大きく異なる

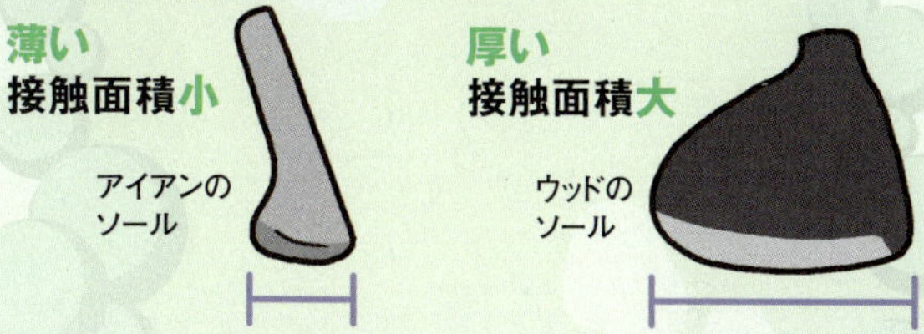

それだけではない。アイアンのソールの前部は鋭利に突きでており、これが芝や草をカットしてくれる。ラフがカットされれば、そのぶんソールにラフの芝や草が当たらず、抵抗は小さくなる。

極意のまとめ

春から秋にかけてラフの芝や草が勢いづくので、クラブに抵抗がかかり飛距離はでない。これを改善する方法はV字型スウィングである。あるいはアイアンを多用する方法である。ラフでのショットでは飛距離の低下だけでなく、方向性の乱れにも注意しよう。

第3章

アイアンの極意

3-1 アイアンの特性と使い方

始めの極意

アイアンはアマチュアには難しいので、必要最小限に使う。つまり、ウッドですむときにはあえてアイアンは使わない。必要最小限とは、SW（サンドウェッジ）、PW（ピッチングウェッジ）、9／8／7番アイアン。それに寄せ用のFW（フェアウェイウェッジ）、AW（アプローチウェッジ）などだ。

極意の解説

多くのアマチュアは（それにプロすら）「アイアンはウッドよりやさしい」と思っている。これはまったくの誤解である。それを証明するのはいとも簡単だ。たとえば3番ウッド、5番ウッドは使えるが、3番アイアン、5番アイアンはとても難しく、アマチュアには使いにくいことでわかるであろう。では、なぜアイアンはそんなに難しいのか？　それはアイアンの形を見ればすぐにわかるではないか（図1、2）。

Ⓐフェースが小さい
Ⓑヘッドが薄い
Ⓒフェースとネックが近い

小さく、薄ければ、アマチュアにとっては振りやすく打ちやすいはず、と思うのは誤解である。確かに「振りやすい」が、決して「打ちやすくはない」のだ。しかし、問題はそんなことではない。

図1 アイアンの場合

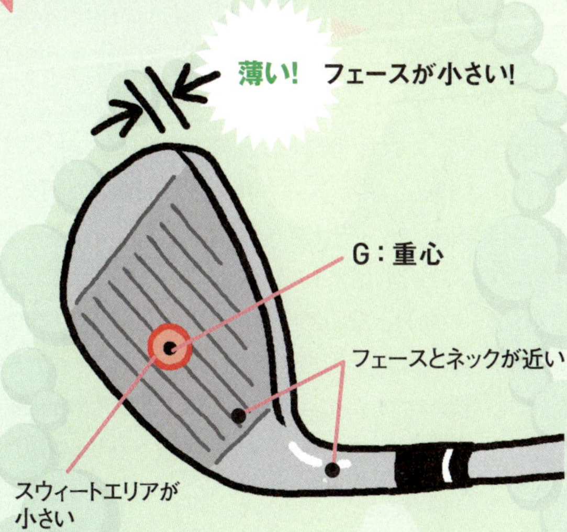
薄い!
フェースが小さい!
G：重心
フェースとネックが近い
スウィートエリアが
小さい

図2 ウッドの場合

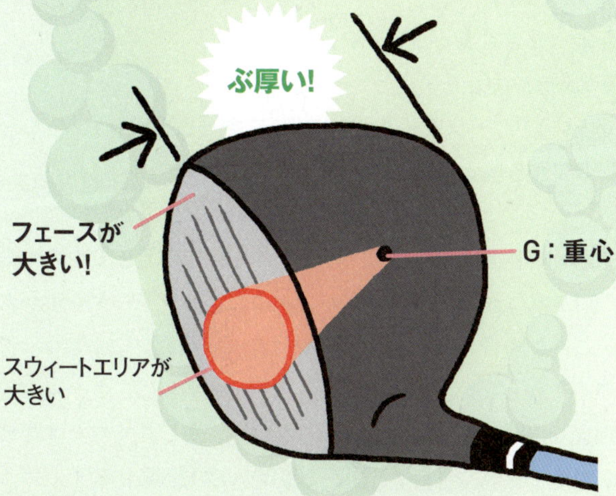
ぶ厚い!
フェースが
大きい!
G：重心
スウィートエリアが
大きい

ヘッドが薄いことが問題なのだ。ヘッドが薄ければ、その重心はほとんどフェース近くにあるから、スウィートエリアが小さい。インパクトではボールをこの小さいスウィートエリアに当てなければならないのだ。

これに比べてウッドでは、図2のように、重心はフェースの奥にあり（この長さが重心深度）、この重心から引かれた円弧が、フェースを切る領域（スウィートエリア）は大きくなる。ボールがスウィートエリアに当たればナイスショットである。これでわかるように、アイアンの場合、重心深度が極端に小さいので、スウィートエリアが小さい。すると当然、ミスショットの割合も大きくなる。従って、なるべくアイアンは使わないようにするのがポイントだ。いまは3、5、7、11番ウッドなどが市販されているので、それらを使うようにする。

もちろん、どうしてもアイアンでなければならないときがある。それは、以下のような場合だ（図3）。

イ飛距離はださず高く上げたい。
ロバンカーからだしたい。
ハ寄せたい（グリーン近くからグリーンに乗せる）。
ニ深いラフから脱出したい。

まずイから説明しよう。グリーンに乗せてあまり転がしたくない（できればぴたりと止めたい）が、途中に池やクリークや崖がある……こんな場合には、高く上げなければ危険だ。しかしウッドでは高く上がらない。ウッドで高く上げるためには、ボールの手前の地面を強くたたかなければならない。しかし強くたたけば飛距離がでてしまう。つまり、50～100ヤードの距離を高く上げる

図3 アイアンを使わなければならない場合

イ 高く打ち上げる

ロ バンカーからだす

ショットではアイアンを使う。

ロについてはSWを使うのが常識である。しかしアマチュアはいわゆる「バンカーだし」の練習時間はごくかぎられているし、そのようなチャンスもない。だから、バンカーだしを苦手とする人が多い。しかし、腰の高さ以下のバンカーでは、通常の寄せ、つまりハのやり方でよいのだ。

ハとニもほとんどの場合アイアンを使う。なぜならこれらのショットは飛距離ではなく、技術的「小技」の世界だからである。

極意の科学

ここでは重心深度とスウィートエリアの関係を解説しよう。もちろん図1、2のように、重心がどこにあろうと、ボールがこの重心に当たれば、それで文句はない。ところが一般には、これが少し外れる。外れた距離をrとすると

$N = rf$

力のモーメント＝スウィートスポットから外れた距離×インパクトで受ける力の大きさ

Nを力のモーメントという。ここでfは、インパクトで受ける力の大きさである。この力のモーメントによってヘッドは回転する。この回転によってボールは右や左に飛んでしまう。

この回転の角速度の変化分$\Delta\omega$はこのNに比例する。

$\Delta\omega = N\Delta t/I$

角速度の変化分＝力のモーメント×インパクトの時間/慣性モーメント

ハ寄せる（グリーンに乗せる）

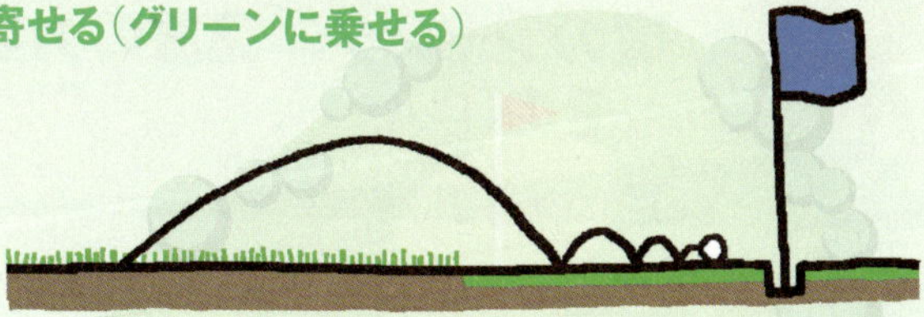

ニ深いラフに切り込む

ここで、Δt はインパクトの時間で、Iは慣性モーメントである。慣性モーメントとは、前述のように「回転しにくさの程度」を表す。

さて、Iの大きなウッドでは回転が小さいことがわかるのだが、このとき「許される回転角」というのがある。この角度が決まると、フェース上での許される範囲、つまりスウィートエリアの幅が決まることになる。スウィートエリアの面積は、重心深度の2乗に比例する。つまり重心深度が長いほど、ミスが少なくなるのだ。

極意のまとめ

アイアンは、小技のときだけ必要最小限に使う。特に近い距離で高く上げるときだけ使う、と心がける。

3-2 魔のシャンク、克服の力学 ~その①

始めの極意

アイアンで高く上げるつもりが、右下にチョロ、となる「シャンク」。シャンクをださないためには、フェースの下方にボールを当てること、つまりトップ気味にショットすればよい。

極意の解説

「シャンク」とはシャフトの「付け根」のことである。これを「ソケット」「ネック」ともいう。だからシャンクとは、正確には「シャンクに当たった」と言わなければならない。

ボールがシャンク付近に当たると、ネックの金属から抗力を受けて、ボールは右下に飛んでしまう（図1）。ボールがまともにネックに当たらなくても、ボールはインパクトの瞬間にわずかに歪んで、ボールの端がネックをかすめ、やはりネックから抗力を受け、まともには飛ばない。これもりっぱなシャンクである。もっと怖いのは、ボールがちゃんとスウィートスポットに当たったのに、フェースをすべってシャンクに当たってしまうことである。この場合は手に二重のショックがあるから、なにが起こったのかわかる。

従って、シャンクをださない極意とは、実に簡単な話である。つまり、ボールをネックに当てないようにすることである。「そんなことあたり前だろう。お前にいわれなくとも……」というなかれ。これが実は難しいのだ。「ベテランになればなるほどシャンクがでやすい」「シャンクがでるようになればゴルファーも一人前だ」など

図1 シャンクとは?

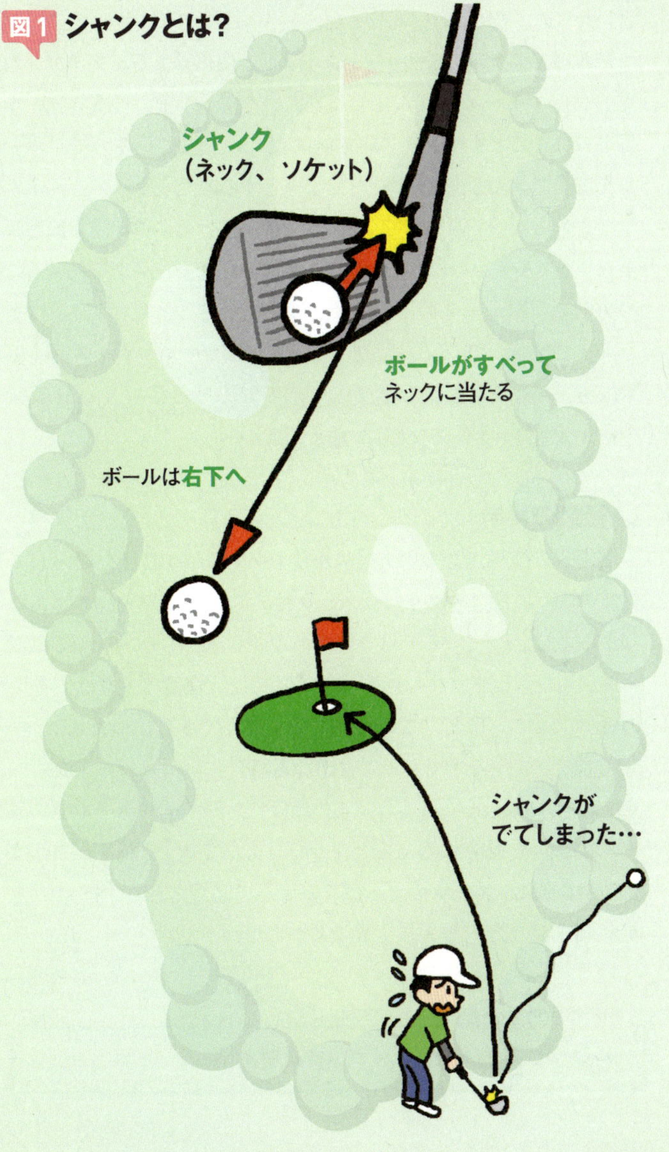
シャンク
(ネック、ソケット)
ボールがすべって
ネックに当たる
ボールは右下へ
シャンクが
でてしまった…

といわれる。なぜか？

それはアイアンのスウィートスポットと関係がある。アイアンの重心は、フェースの真ん中ではなくいくぶん手前、つまりヒール寄りにあることをベテランは本能的に（？）悟っているので、ボールをアイアンの手前寄りで当てようとするのだ（図2）。これがネック寄りとなってしまってシャンクになるわけだ。ベテランほどシャンクがでやすいのはこのためである。そこでシャンクを防ぐ第1の方法は、フェースの下方にボールを当てることだ（図3）。つまりトップ気味に当てるわけだ。こうすればボールがネック近くに来ても、ネックの抗力は働かないので安心である。「トップ気味のショットにシャンクなし」と覚えてほしい。

極意の科学

実際に、アイアンのフェースからネックにかけて目を凝らして見てみよう。図3のように、ネックはアイアンの手前の中間あたりから上に伸びているではないか。だから、アイアンの底部にボールが当たればネックの影響は少ないのだ。注意すべきは、番手の低いアイアンほど、この傾向にあることである。つまり3、4、5、6番アイアンなどでシャンクがでる場合には、ボールをなるべくフェースの底部に当てればよいわけである。逆にボールをフェースの中間や上部に当てると、シャンクがでやすくなる。これは図3のように、ネックのでっぱりが大きくじゃまして、抗力の方向が飛球線の方向と大きく異なるからだ。

極意のまとめ

シャンクがで始めたらトップ気味に打て。

図2 ベテランは手前寄りで当てようとする!

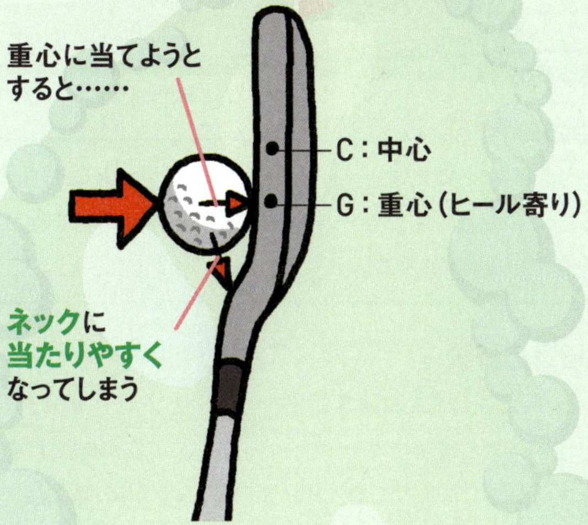
重心に当てようとすると……
C：中心
G：重心（ヒール寄り）
ネックに当たりやすくなってしまう

図3 シャンクを防ぐ方法

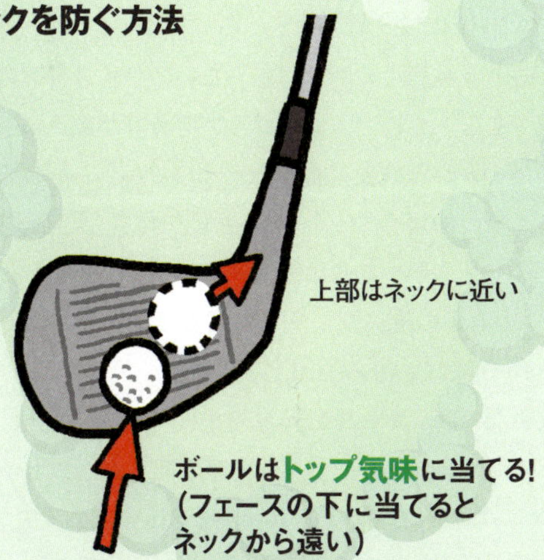
上部はネックに近い
ボールはトップ気味に当てる!
（フェースの下に当てるとネックから遠い）

3-3 魔のシャンク、克服の力学～その②

始めの極意

インパクトでフェースの向きと平行にヘッドを走らせること。このためには、ボールの位置を両足の中間（左足かかと前方ではない）にする。

極意の解説

ヘッドがフェースの向きと平行でないと、ボールがフェースを少しすべってしまってネック寄りとなり、ここから抗力を受けてシャンクがでてしまうので、ボールのインパクトの瞬間に、ヘッドは図1のように、フェースの向きに平行に走らなければならない。つまりスウィングの軌道は、このときフェースの向く方向と一致していなければならない。

このとき注意しなければならないのが、スタンスでのボールの位置である。もし、多くのゴルフ指南書が教えるとおり、ボールを左足のかかとの先に置くとどうなるか？　図2を見てわかるとおり、多くの場合フェースは少し左向き（クローズ気味）になっているのだ。そこで飛球線方向のスウィングをすると、その方向はインパクトの際、フェースの向きとは一致しない。この不一致こそボールのすべりの原因となるのだ。

大事なのは、ボールを両足の中間に置くこと（図3）。こうすれば、スウィングの方向とフェースの向きが一致しやすく、ボールはすべらない。もちろん、ボールをフェース上ですべらせたくないのならば弱く、やわらかく打てばよい。女性プレーヤーがやわら

図1 ヘッドの走る方向はフェースの向きと平行に

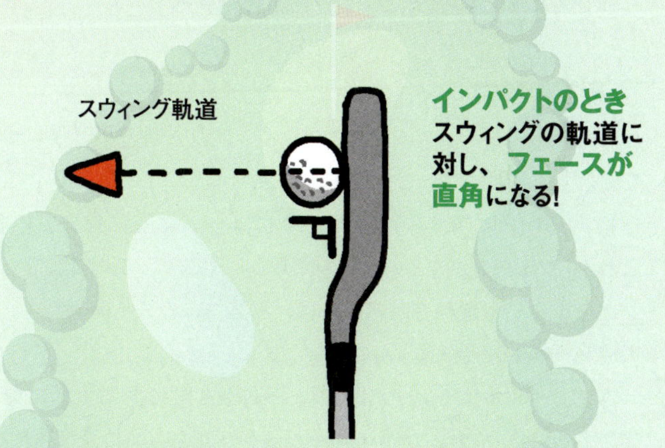
スウィング軌道
インパクトのとき
スウィングの軌道に
対し、フェースが
直角になる!

図2 多くの場合、フェースは少し左向き

フェースが
傾く
ボールを左足のほうに置くと、
フェースが傾いて
インパクトする

かく打てばシャンクなどでない。シャンクがでて困るベテランは、女性になりきることでもシャンク防止に役立つ。

極意の科学

ここでは、フェースの向きとスウィングの方向の不一致についてくわしく説明しよう。一般に、図4のようにアイアンの目印線を前方に向けてスタンスをすると、フェースは左に傾いている。これが「フェース角」というものである。そこで、このままスウィングを正しく飛球線方向に振れば、当然フェースの向きとヘッドの走る方向は一致しない。

さて、ボールはインパクトでフェースから常に面に垂直に力を受ける(これが抗力)。だからボールはその力の方向に飛ばされる。ところが図5のように、ヘッドの走る方向がこの抗力の方向からずれているとどうなるか？　このときでも抗力の方向は同じだが、ヘッドは抗力の方向からずれて走るので、ボールを回転するような力が発生することになる。その結果、ボールがネック寄りにすべりシャンクしやすいのだ。そこで大事なのは、ボールを両足の中間点に置き(図3)、スタンスのときのフェースの向きを飛球線の方向にとる。つまりフェース角を無視してしまう。クラブの目印線は無視して、フェースの方向を正確に飛球線方向とする。次に、スウィングは体を左右に揺らすことをやめ、スタンスからそのままの固定した体勢で軽くスウィングする。

極意のまとめ

ボールは両足の中間点に置き、アイアンのフェース角を無視して少し右に開き、フェースの向きをスウィングの方向と一致させる。

図3 ボールは両足の中間に置く

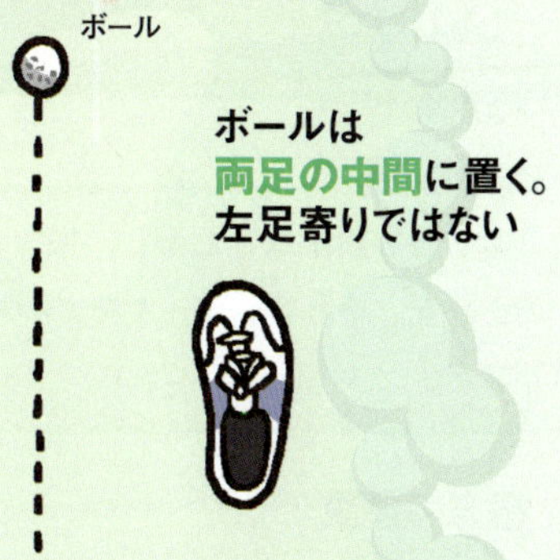

図4 アイアンの目印線を前方に向けてスタンスすると……

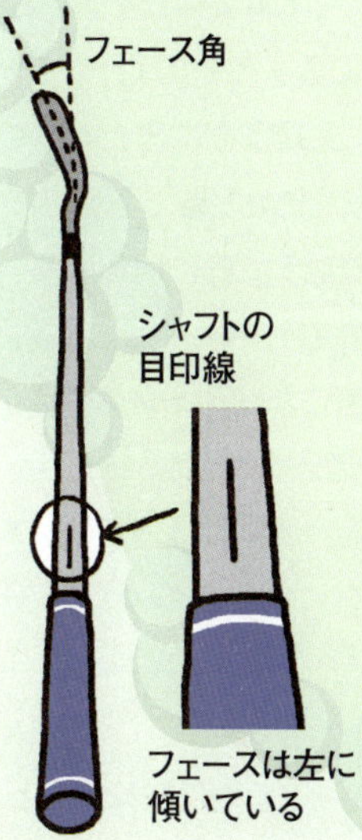

図5 ネック寄りにすべるとシャンクしやすい

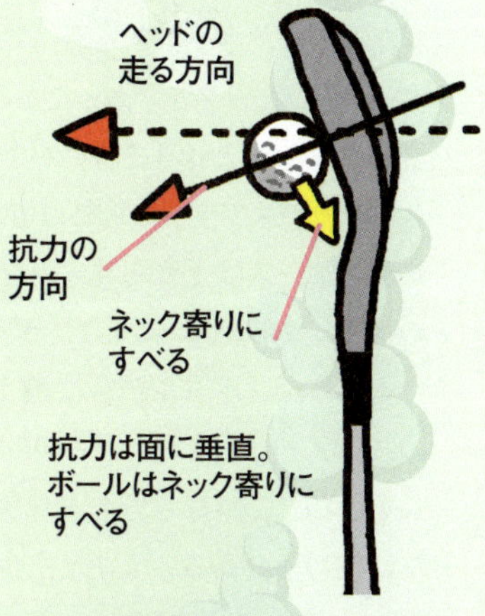
フェースの向きとヘッドの
走る方向が一致しない！

3-4 魔のシャンク、克服の力学～その③

始めの極意

もっとも簡単な、しかし、失敗もあるシャンク克服法は次のとおり。それは、ボールをアイアンのトウ（先端）寄りで打つこと。

極意の解説

シャンクとは、ボールがアイアンのネックに当たることだ。それならシャンクがでないような打ち方とは、ボールをネックから離れたところに当てることだ。つまりそれは、ネックから離れた場所、つまりトウ寄り、ということになる。

たとえば、ボールを先端にでも当ててみよう（図1）。これなら、ボールがフェースをすべったところでネックまでは行かないから万事解決！……とはうまくいかない。先端寄りに当たればこの点はスウィートスポットから外れており、上から見て右回りの力が働く。フェースは上から見て、図1のように右に回転する。このためヘッドはオープンになり、ボールは右に飛んでしまう（図2）。

もちろん、ボールが右に飛んでもこれはシャンクではない。このときボールは高く上がるからである。

そこで、この打ち方で飛球線を狙うためには、スタンスを少し左に向ける。あるいは左足を少し右にずらせばいい（図3）。

極意の科学

インパクト時間Δtの間にフェースが$\Delta \omega$だけ回転するとしよう。

図1 ボールが先端に当たると……

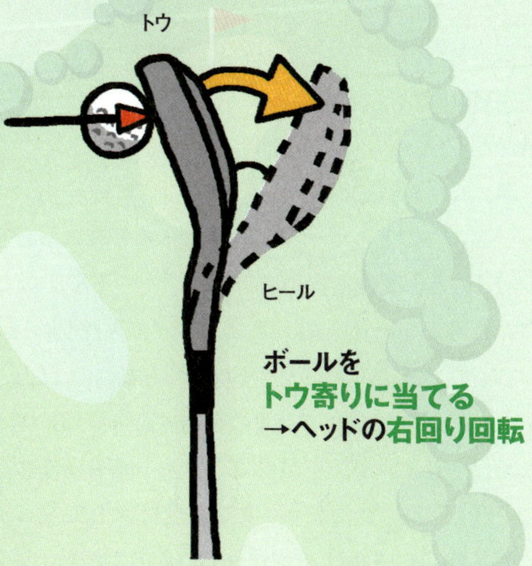

図2 先端に当たると右に曲がってしまう

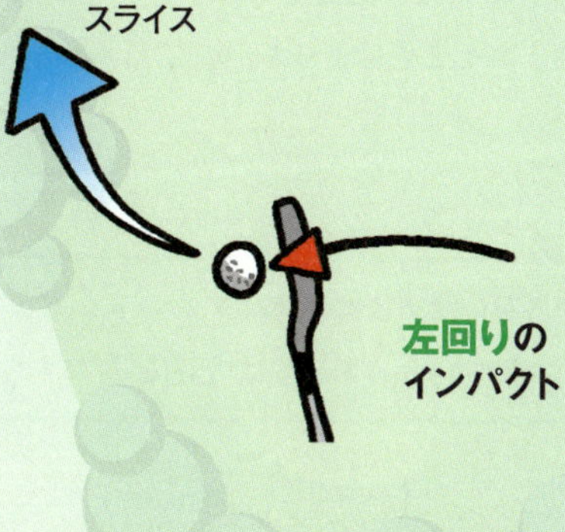

上から見て、力のモーメントをNとすると、

$\Delta\omega = N\Delta t/I$
角速度の変化分＝力のモーメント×インパクトの時間／慣性モーメント

となる。このときボールは、フェースを離れる寸前にある。ボールがこのとき受ける抗力の方向は、もちろん$\Delta\omega$だけ傾いている。

ところがこの傾きの角度$\Delta\omega$はIに反比例するから、Iの小さいアイアンでは$\Delta\omega$が大きくなってしまうのだ。

ボールが右に飛ばされるのを防ぐためには、スタンスを左向きにとってもよいが、左足を右にずらしてもかまわない。左足を右にずらすと、必然的にボールは左足に対して左にずれる（図3）。

つまり、ボールは左にずれているのだから、インパクトまでの時間が遅くなる。この時間が遅れると、ヘッドは遅れてインパクトする。このときフェースは図2のように内側に回ってしまっている。内側に回っていれば、ここでインパクトするとボールは左向きに飛ばされる。このことによって、右に行くボールの方向を調整するわけだ。

極意のまとめ

シャンクをださないためには、アイアンのトウ寄りで打て。このときスタンスは左向き、あるいは左足を右にずらす。

図3 ボールが右に飛ぶのを防ぐ足の位置

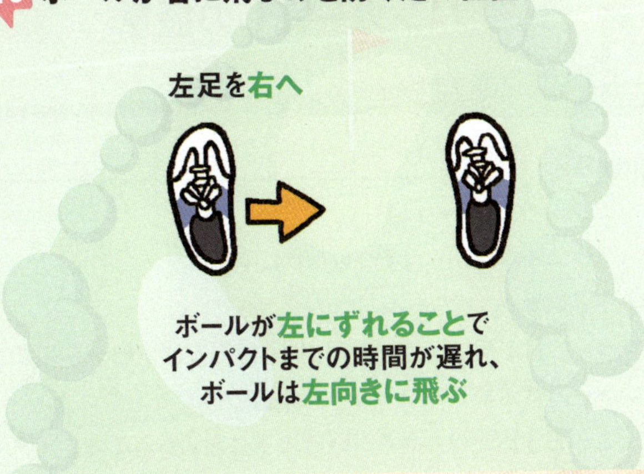
左足を右へ
ボールが左にずれることで
インパクトまでの時間が遅れ、
ボールは左向きに飛ぶ

3-5 バンカーだしの極意

始めの極意

フェアウェイバンカー：
フェアウェイの芝からだすつもりでU字型スウィング
ガードバンカー（グリーンに近いバンカー）：
バンカーの背が低い場合→寄せと同じ打ち方（次の3－6参照）
バンカーの背が高い場合→ボール手前の砂をV字型スウィング。このとき両足はやわらかい砂の上にあるから不安定である。足の安定性を確保すること。

極意の解説

フェアウェイにあるバンカーは背が低いし、ここでモタモタしていたのでは1打以上損をするから、フェアウェイの芝と同じように飛ばさなければならない。そのためには、フェアウェイの芝の上と同じ打ち方をする。

ただし、下は砂である。雨のあとのフェアウェイの芝と同じようにやわらかいので、決して打ち込んではいけない。打ち込まないためには、きれいなやわらかい円軌道のスウィングが必要である。つまりU字型の軌道で打つのだ（図1）。もちろん図1のようにU字型スウィングが有効であるためには、ボールは両足の中間点がよい。U字の最下点にボールがくるようにして打つ。

さて、問題はガードバンカーである。しかし、これも背が低い場合には、特に気に病む必要はない。自分の腰ぐらいの深さなら、寄せでボールを上げる程度（次節3－6参照）であるから、寄せの

図1 フェアウェイバンカーの場合

やり方でよいのだ（図2）。しかもガードバンカーの位置は、グリーンから5～10ヤードぐらいだから、寄せの典型的な飛距離なのだ。バンカーの砂はグリーン周りの芝だと思って、ためらわず寄せ打ちをやればよい。

問題は深いバンカーで、背の高さほどもぐっている場合である。通常、バンカーだしといわれるのは、このような深いバンカーのことである。このときにはSW（サンドウェッジ）のソール部分（底の部分＝バウンス）で、ボールの手前の砂を打つ。

特にボールを高く上げるためには、フェースを開いてV字型軌道で打ち下ろす（図3）。「フェースを開く」とは、シャフトを図3のように右に回してからグリップを固定することである。

極意の科学

フェアウェイバンカーのU字型スウィングで大事なのは、ボールの位置である。ボールの位置が軌道のU字の最下点にくるように、ボールの位置を決める。それはたいていの場合、両足の中間点である。

フェアウェイの芝の上では、ボールを左足のかかとの前に置くことが推奨されるが、これはいくつかの理由がある。スウィング中、体を左右に揺する（スウェイする）と飛距離がでるが、このとき、インパクトでは体の重心が左足に移っているのだ。つまりインパクトでは、体の重心の前にボールがあるほうが有利である。

しかしフェアウェイバンカーから打つ場合には、あまり体を揺すってはいけない。だからボールも両足の中間点でよいのだ。

深いバンカーでのV字型スウィングでは、砂は図4のように斜めからバウンスでたたかれる。バウンスが斜めに砂にもぐると、図4に示すように、砂は2つの力を受ける。1つは砂が下にもぐ

図2 腰の高さのバンカーの場合

図3 深いバンカーの場合

りこむ力、もう1つはフェースに垂直な力である（抗力）。この抗力で砂は斜め上方に飛ばされる。

すると、ボールの下の砂も同時に斜め上方に飛ばされることになる。この砂の飛ぶ勢いでボールも飛ばされる。このときボールの質量は砂の質量より大きいから、砂の飛びより少し遅れてボールが飛ばされる。このときアイアンのロフト角が大きいほうが、砂の飛び上がる角度は大きくなる。だから、より高く上げ

図4 深いバンカーでV字型スウィングした場合

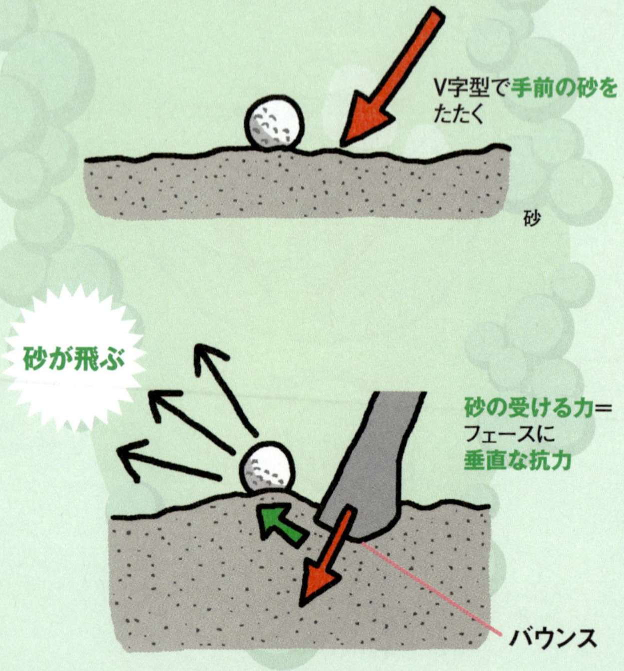

たければ、アイアンを開いて「実効ロフト角」(フェース面と地面とのなす実際的な角度)を大きくするのだ。

極意のまとめ

背の高いバンカーでは、サンドウェッジのフェースを開いてV字型スウィングをし、ボール手前の砂を斜めにたたく。背の低いバンカーはバンカーだと思うな。

3-6 ピッチ・アンド・ランの極意

始めの極意

ボールは両足の真ん中。フェースはピンの方向。バックスウィングはゆっくり40度ぐらい、つまり腕が水平より少し下になるまで。これでボールは数ヤード上がり（ピッチング）、それからグリーン上を転がる（ランニング）。ボールはフェースのトウ寄りでインパクトする。

極意の解説

最後のショットがいつもグリーンに乗るのなら、こんなショットは必要ない。しかしゴルフは魔物。ほんの少し曲がってもグリーンからこぼれてしまう。それでも、バンカーに入るよりはマシなのだ。そしてあわよくばこのショット、つまりグリーン周りからの寄せで、ピン側までもっていきたい（OKボールにしたい）。

図1 ピッチ・アンド・ランとは？

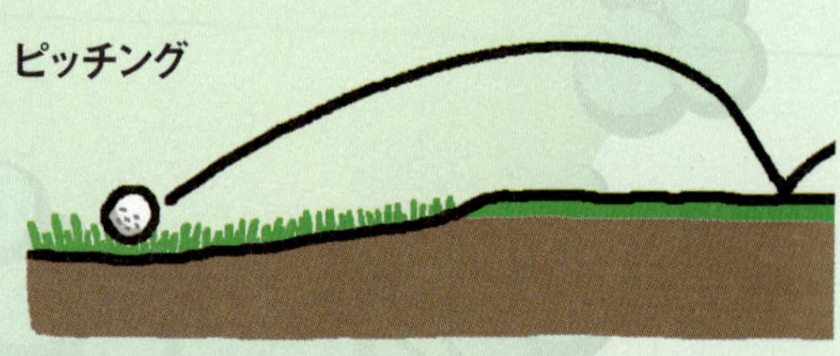

ちなみに、もともと「OKボール」というのは和製英語で、正しくは「ギンミ」という（拙著『まったく初めてのゴルフ』NHK出版参照）。こうすれば、最後のショットがグリーンを外れてもパーがとれるわけだ。

では、寄せをどうやるか？　ゴルフの指南書には実にさまざまな教えが書いてある。しかし、アマチュアはこんな技をすべて覚えてもあまり意味がない。せいぜい3通りで十分なのだ。その1つが、ここで説明する「ピッチ・アンド・ラン」の方法である。

この方法は「ほどほどに上げて、グリーンを転がす」というものである（図1）。ボールはグリーン周りのラフ（芝）にあるから、最初からパターのようなもので転がしては、芝にエネルギーを取られて、すぐ止まってしまう。これを避けるために、まず、ボールをほどほどに上げるわけだ。50cmから数mの高さが目安である。

もちろんこれをやるためには、フルスウィングではダメである。スウィングはせいぜい腕が水平になる位置、あるいはそれより少し下までである。ここまでのバックスウィングは、ゆっくりやわらかくやる。

スタンスでのフェースの方向は、ピンを指すようにかまえる（図2）。あまりボールを上げたくなければ、両足をそろえてグリップは少し左にだす（ハンドファーストという）。決して、クラブについている上を示す印を真上に向けてはいけない。距離をだしたいときには、スウィングに力を入れるのではない。アイアンの番手を長いものに替えるわけだ。だから3本ぐらいのアイアンを準備する。

ミスの少ない打ち方は、わざとスウィートスポットを外して、フェースのトウ寄りにボールを当てる（図3）。

極意の科学

上の説明で述べたやり方でもっとも重要なのは、アイアンのシャフトについている上向きの印を、真上にもってこないことである。この印はフルスウィングのときの目印なのだ。ちなみに、PW（ピッチングウェッジ）をグリップしてスタンスをとって見ると、シャフトまたはグリップ部分に、目印があるはずだ。通常、これを真上にすると、フェースはいくぶん左を向くこと（つまりフェースはクローズ）になる。

このクローズに傾いた度合いを「フェース角」ということは、すでに述べた。このため、ゆっくりしたやわらかい40度スウィングでのショットでは、フェース角のためボールは左に飛んでしまう。だからピッチ・アンド・ランでは、この上向きの印を無視する。

つまり、スタンスのときボールは両足の中間で、ここにスタンスしたアイアンのフェースはピンに向ける。この向きを維持しながら40度スウィングをしてインパクトする。もちろんインパクトのときに、フェースはもとのとおりピンに向かっているのだ。

さて、ボールをフェースに当てる位置も重要である。それはト

図2 ピッチ・アンド・ラン時のフェースの方向

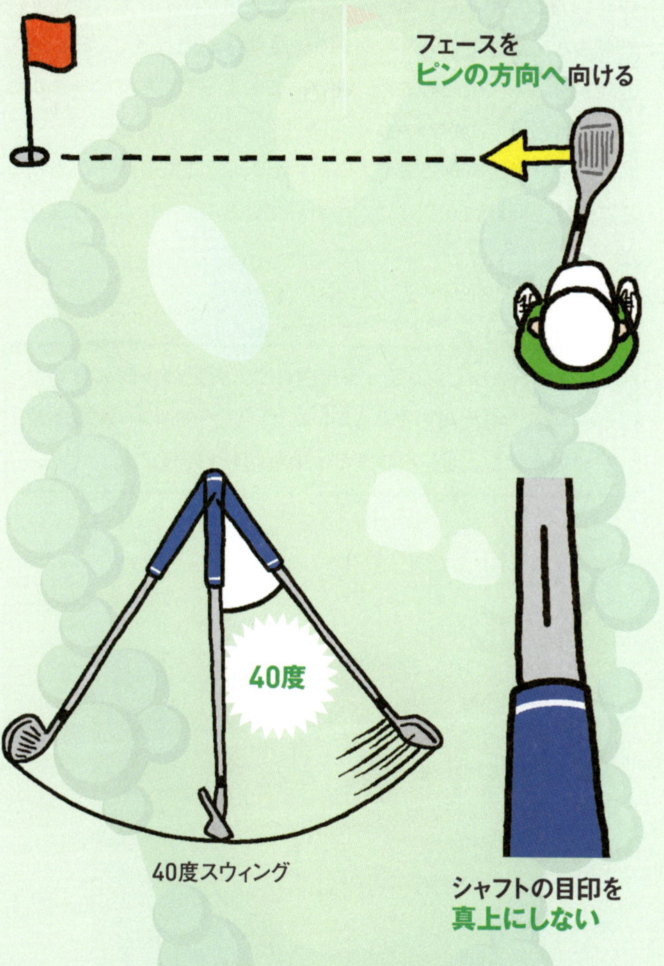
フェースを
ピンの方向へ向ける
40度
40度スウィング
シャフトの目印を
真上にしない

ウ寄りである。なぜか？　それは、下の芝で抵抗を受けるのはこの部分だからである。ボールを、たとえばスウィートスポットに当てると、突きでているヘッドの先端部分が先に芝に当たって、方向が曲がってしまうのだ。曲がってしまってからフェースがボールに当たってはかなわない。

ボールを先端部分に当てようとすれば、芝に先端部分が当たるときには、同時にボールにも当たっているのでだいじょうぶなのだ。

極意のまとめ

アイアンのフェースをピンに向けて、両足の中間に置いたボールを、40度角のやわらかいスウィングで打つ。距離は番手で加減する。ボールを当てる場所はトウ寄り。

図3 ピッチ・アンド・ラン時の当て方

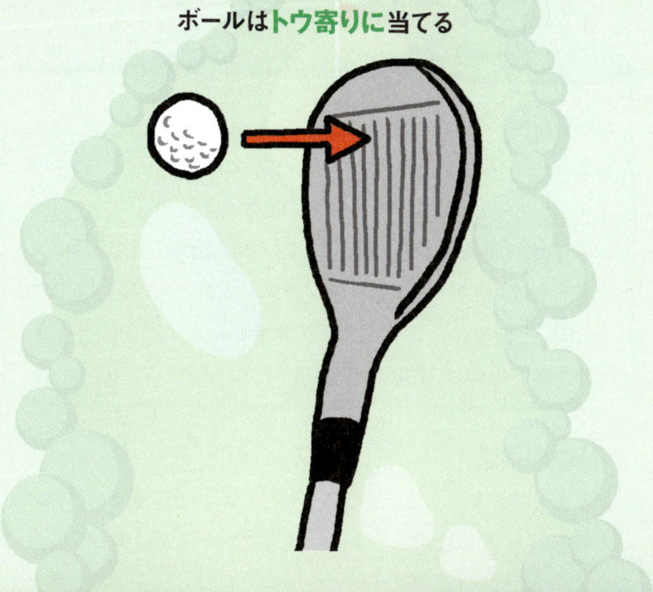

3-7 ピッチングの極意

始めの極意

寄せにおいて、ボールとピンとの間にバンカーなどのじゃまもの（ハザード）がある場合には、前節のピッチ・アンド・ランの手法は使えない。相当高く上げることが必要であり、このときにはおもにPW（ピッチングウェッジ）やSW（サンドウェッジ）を使う。フェースは開き加減で、トウ寄りに当てる。スウィングの幅は30度から50度。

極意の解説

PWにしろSWにしろ、ボール手前に強く打ち込まなければボールは高く上がらない。しかしフルスウィングでは飛びすぎてしまう。そうかといってやわらかなショットでは、前項のピッチ・アンド・ランになってしまう。ここが難しいところである。

従ってヘッドは、ボールの手前に打ち込まなければならないが、「少し手前に打ち込む」ことを忘れてはならない。これはバンカーだしのやり方と似ている。

なるべく高く上げてピタリと止めるためには、フェースは図1のように開き加減にする。こうすれば実効ロフト角（フェース面と地面とのなす実際的な角度）が大きくなってよく上がる（図2）。このこともバンカーだしで説明したことである。

ボールをトウ寄りに当てるのは、前項で説明したように、芝からの抵抗を防ぐためだけではない。図3のように、ボールがフェース上を走る距離が長くなり、それだけスピンがかかりやすく、

図1 高く上げてピタリと止める方法

フェースを
開き加減にする

図2 フェースを開いたとき

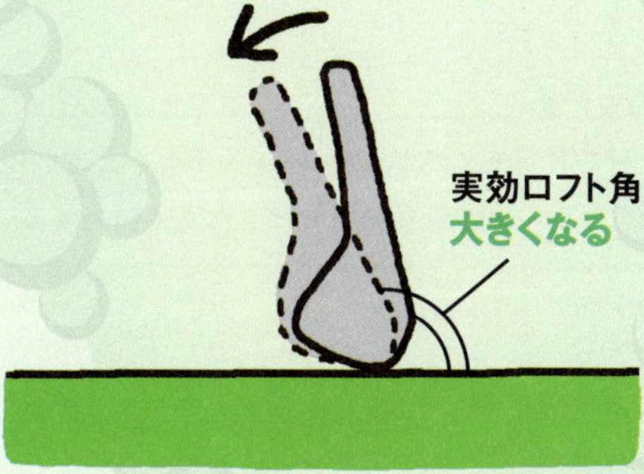
実効ロフト角が
大きくなる

グリーン上でピタリと止まりやすくなる。
トウ寄りに打てば、スウィートスポットから外れることになり、飛距離は悪くなる。飛びすぎ厳禁のショットであるからこれでよいのだ。

極意の科学

このやり方はバンカーだしに似ているが、大きく違うところもある。それは、バンカーだしではボールの手前の砂をたたいたが、これはそうではない。あくまでボールにフェースを直接当てるのだ。しかし、アイアンはボールの手前に当てる感じだ。
こうすると、図4のようにフェースはボールの赤道線の下をとらえて、ボールはフェースからの垂直な抗力を受けて飛びだす。それと同時にボールにはすべりを促す力がかかる。そのときになってヘッドの下部（ソール）が地面に当たることになる。
フェースを開くと、実効ロフト角は大きくなる。シャフトを右回りに回転させると、面が「寝てくる」ことがわかるであろう。

極意のまとめ

高く上げるピッチングは、アイアンをボールと地面の間に打ち込む。フェースは開き加減で、トウ寄りに当てる。

図3 トウ寄りに当てるもう1つの理由

トウ寄りにボールが
当たると、フェース上で
すべる距離が大きくなる
→スピンがかかる

図4 ボールの赤道線よりも下をとらえてショットする

赤道線
ヘッド

第4章

パッティングの極意

4-1 パッティング、3通りの打ち方を使い分ける

始めの極意

パットの3通りの打ち方とは、

Ⓐ地面に水平に、ボールの赤道線を打つ

Ⓑ赤道線の上、5分の2の位置を、アッパーブロー（ヘッドを下から多少持ち上げるように走らせる）で打つ

Ⓒパンチショット

の3つだ。「長くもなし、短くもなし」という通常のショットではⒷが基準であり、これが理想的な「順回転」を生む。それより長い距離はⒶ、1m程度の短い距離はⒸだ。

極意の解説

ほとんどのアマチュアの、通常の打ち方はⒶで、図1のように、ボールの「腹」を真横から打つ。もちろんこれは水平な赤道面（赤道線）を平行に打つことである。しかし、このような打ち方では、ボールは素直な回転をしない。特に比較的長い距離のショットでは、ボールは地面を弾んでしまい、イレギュラーな転がりとなる。

理想的な転がりのよい打ち方は、図2のように「斜めの赤道面の上から5分の2のところ」を打つ。このときの転がりは、ボールの走る速さと回転の速さが一致するもので「順回転」と呼ばれる。国際的なPGAトーナメントの一流選手の大部分は、このような打ち方である。彼らはどんなに強く打っても、ボールがグリーン上を弾んで走ることなどないのだ。

しかしこの方法は、アマチュアにとっては距離感をつかみにく

図1 ほとんどのアマチュアの打ち方

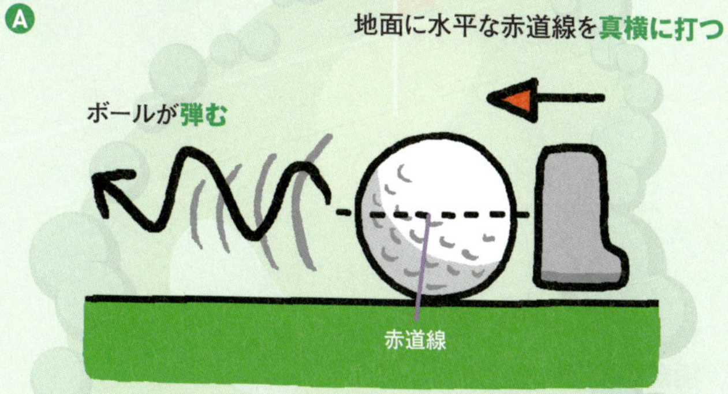
A
地面に水平な赤道線を真横に打つ
ボールが弾む
赤道線

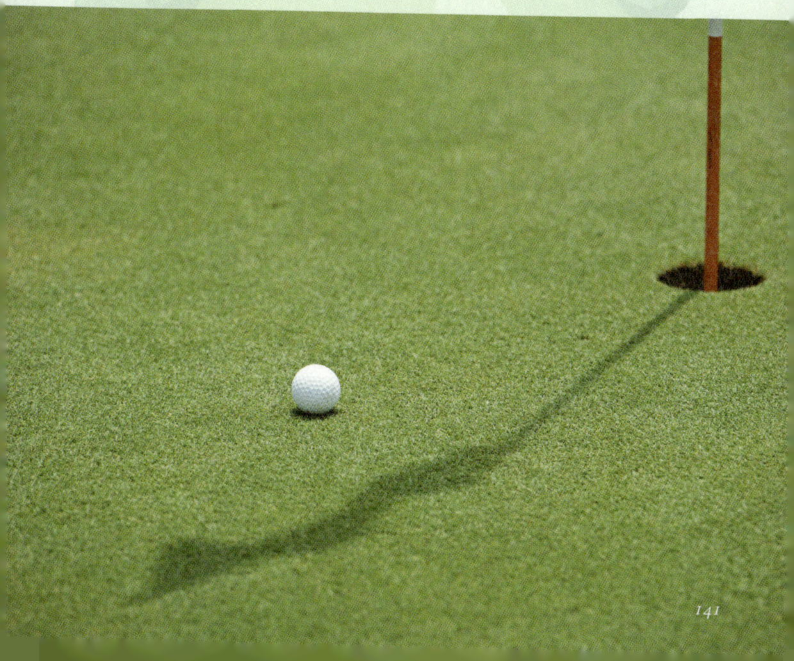

いので、長い距離のパットではおすすめできない。長い距離は、アマチュアにとってはカップのそばにボールが行けばよいのだから、理想的ではあるが距離感をつかみにくいⒷではなく、次善の策としてⒶの方法をとるべきだ。

なお1～2mの近い距離を確実に入れるためには、Ⓒのパンチショットがよい(図3)。パンチショットとは、ヘッドでボールを一瞬たたく、という方法で、たたいたあとはヘッドをすぐ止めてしまう。つまり金鎚で釘をたたく要領である。

極意の科学

ⒶとⒸの方法の根底には、「慣性の法則」がある。つまり重心が動き始めたなら、その重心の運動はいつまでも持続しようとする。重心がある方向に向かって動きだせば、いつまでもその方向に向かって動く。この慣性の法則があることで、ボールは、最初の狙いがよければ狙いどおり、カップに向かって進むはずである。しかし、これが途中で狂うのはなぜか？　それは、途中でその狂いが生じるような余計な力が加わるからである。

では、その余計な力とはなにか？

それはボールが弾むとき、あるいは地面との摩擦によって発生する、アンバランスな抵抗力である。地面が一様でないときにはボールにアンバランスな摩擦力がかかる。ボールの右に摩擦力を生む芝があれば、ボールの重心の真下の少し右側にずれて、抵抗力が発生して、いくぶん右スピンがかかってしまう。

さて、近い距離ではなぜパンチショットがよいのか？　それは「後腐れ」がないからである。つまり、パンチは瞬間的なもので、その瞬間のあとの、フォロースウィングの影響がないのがよい。

一般に、アマチュアはパターをまっすぐ動かすのが苦手である。

図2 理想的に転がる打ち方

その理由の1つは、右手の力が強いからだ。その結果ヘッドの動きは図5のように弧を描くことになり、そのためボールは左方向に飛びやすい。これを修正しようとしてヘッドを前に突きだすと、今度は右方向に曲がってしまう。

パンチショットはフォロースウィング部分をカットしてしまう。このためボールはカップめがけて一直線となる。もちろんパンチショットは方向性がよいものの、距離感の調整は難しい。しかし、近い距離の場合は、距離感など無視しても、カップの方向さえ正確なら問題はないのだ。

さて問題はⒷの順回転である。この「5分の2力学」は少し長くなるので、次の節であらためて取り扱う。

極意のまとめ

近い距離はパンチショットでまっすぐ入れよ。ふつうの距離では順回転でカップを狙う。長い距離ではボールの腹を直撃して「OKボール」を狙う。

図3 1〜2mならパンチショット

図4 ボールがグリーンをすべるときの摩擦力に注意

図5 アマチュアのパターヘッドの動き

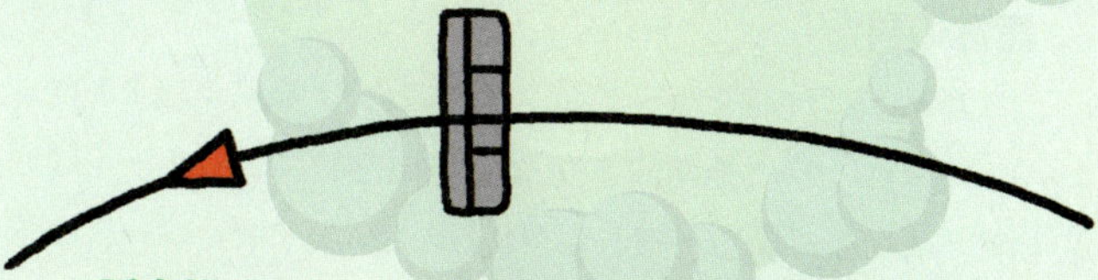
弧を描くので、インパクトの後は左に行きやすい

4-2 「5分の2打ち」の極意

始めの極意

インパクトの瞬間、ヘッドを軽く持ち上げるように打つと、斜め赤道面の上5分の2の位置あたりを打つことになる。これがボールの「順回転」のもとになっている。

極意の解説

赤道面の上、5分の2の位置を打つのならば、簡単に水平な赤道面（図1）の上5分の2でもよいではないか？　しかしそれではダメなのである。この打ち方では、ボールを下に押しつけるような力が発生してしまって、ボールの運動によくない。

そこでインパクトでヘッドを当てる位置は、図2のような斜め赤道面の上5分の2である。もちろん正確な5分の2の位置はわからないから、ヘッドを下から多少持ち上げるように走らせるのがコツである。最初、ヘッドのソール部分はなるべく地面に近く水平に走らせ、インパクトの数センチ前から上に持ち上げるような軌道にする。スウィングをフィニッシュした時点で、ヘッドが地面から40～50cm上がっているくらいが最適である。

極意の科学

このような5分の2という位置の打ち方で、なにが起こるか？　4－1の図1のように地面に水平な赤道面を打てば、ボールは回転せず、単にその重心が押しだされるのだ。そのためボールは地面（芝面）をこすりながら進む。こすれるから摩擦力が発生して、

図1 地面に水平な赤道面の上5分の2ではダメな理由

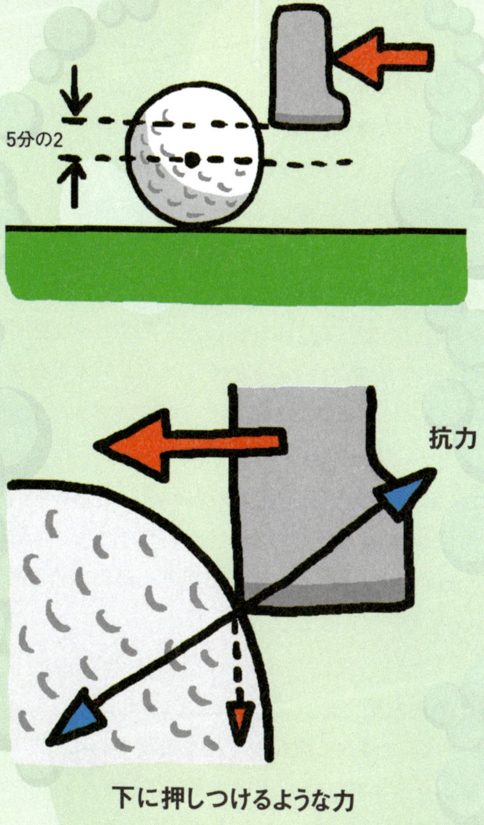

これによってボールはやがて回転し始める。

それなら赤道面の下を打つとどうなるか(実際にはこのような打ち方はできない)？　押す力によってボールは前方に押しだされるが、ボールを止めようとするバックスピンの回転が発生する。従ってこれも順回転ではない。

だから、ボールを順回転させるためには、ボールの上をたたかなければならない。こうすると、ボールの前進する速度vとボールが回転する速度Vが一致して順回転する。順回転ではボールは地面をこすることがない。vとVが一致するからである(図3)。

ところが、事はそう簡単ではない。うまく赤道線の上5分の2あたりをたたけたとしよう。しかし、インパクトの瞬間、力は常にボールの表面に垂直にかかるのだ。ヘッドを水平に動かしても力は水平にかからず、ボール表面に垂直である。これがいけないのだ。

この力には、確かに水平前方の力の成分もあるが、ボールを下方に押しつけるような力の成分もあるわけだ。これがいけない。そこで、水平な赤道面で打つのではなく、斜めの赤道面で打っているわけである。

極意のまとめ

ヘッドは、なるべく地面の芝近くを水平に走らせ、ボールの手前からヘッドを持ち上げるようにしてインパクトする。これが順回転打ちの唯一の方法である。ゴルフ本の多くが、これに反する打ち方で順回転を教えているが、すべて正しくない。

図2 斜め赤道面の上5分の2を打つ!

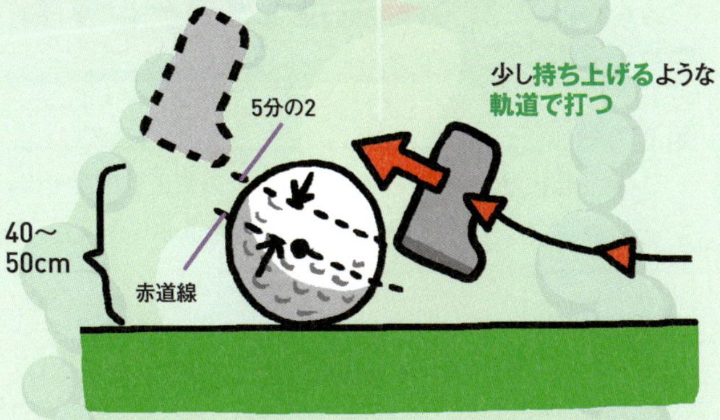

図3 順回転すればボールは地面をこすらない

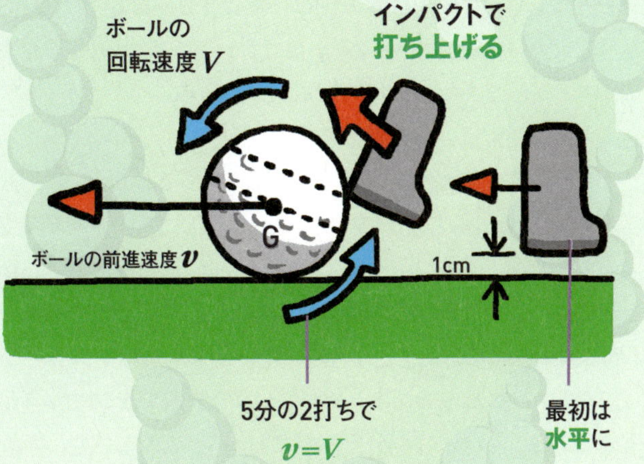

4-3 傾斜グリーンでは放物線軌道をイメージする

始めの極意

左右の傾斜のあるグリーンでは、ボールの軌道は円形ではなく放物線の形となる。思ったよりボールは曲がらない。

極意の解説

小さい物体を投げると、その軌道の形は放物線である(図1)。これは、いつも下向きに一定の重力がかかっているからである。斜面であってもボールにはやはり重力の一部の、一定な力が働いており、軌道は放物線となる。一般に多くのプロはこれを円形と誤解しているが、そうではない(図2)。さて、この斜面のグリーンでうまくカップに入れる方法は、実は2通りあるのだ。図3に示すとおり、「山をつくるはるか前でカップに入れる」か「放物線の山をつくったあとカップに入れる」かである。

もちろん通常は、前者の打ち方だ。

山をつくる前にカップに入るように打つ。このときには、もちろん強く打ちだす。カップを外れたら、50cmはいきすぎるぐらいの強さである。多少強く打たれたボールの放物線軌道は、なかなか曲がらないのだ。図2のように、これを円軌道と比較してみればよくわかるであろう。だから、傾斜が思いのほか大きいと思っても、カップ周りをあまり外さないように狙いを決めることが重要である。「カップ1個分だけ右に打つ」と判断しても、実際にはカップ半個分だけ右に打つ。このとき、もちろん少し強めにインパクトするのだ。

図1 小さい物体を投げると放物線軌道をとる

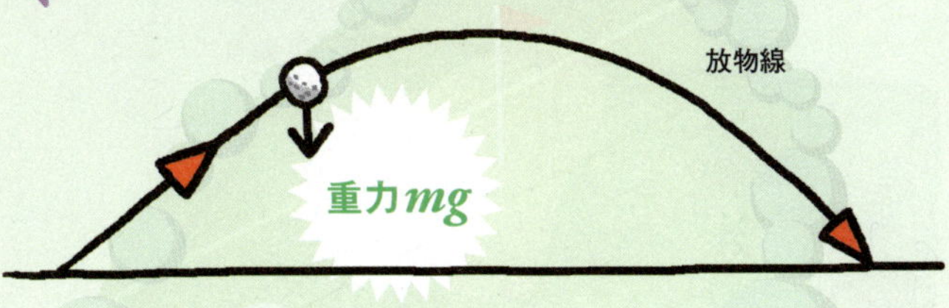

極意の科学

グリーンの斜面が、水平から θ だけ傾いていれば、gを重力の加速度、mをボールの質量として、ボールには

$$F = -mg\sin\theta$$

の重力が働く。もちろん、傾斜がゼロつまり $\theta = 0$なら、Fはゼロとなり、ボールの軌道は直線である。この場合、曲がる加速度は、

$$a = g\sin\theta$$

となる。この加速度で曲がる距離は、

$$y = (g\sin\theta)\, t^2/2$$

となる。ここでtは、ボールがカップに入るまでの時間である。2度の傾斜角のとき、0.5秒程度で入る位置ならば、この距離は、

図2 斜面のパットの軌道も放物線

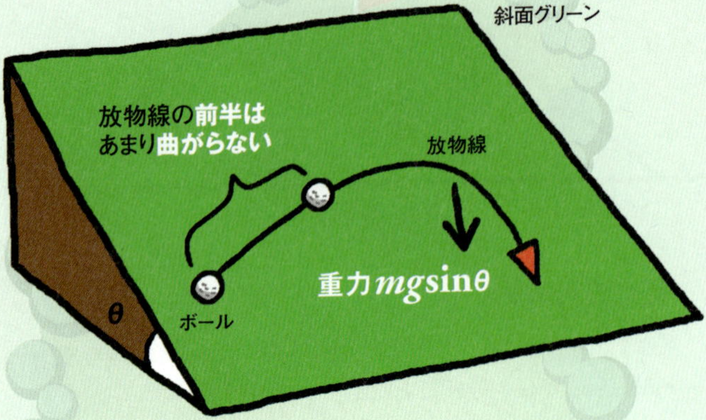

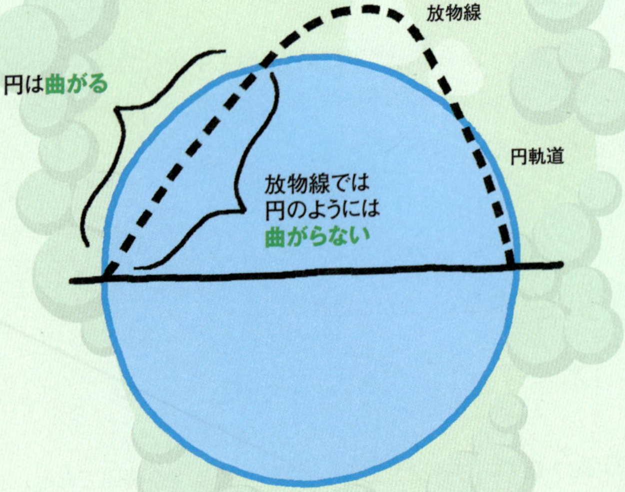

$y = g\theta/2(1/4)$

程度なのだ。$\theta = 2$度$= 0.03$、$g = 980$、これらを代入して$y = 3.6$cmである。ボール1個分。つまりボールは意外と曲がらない。もちろん図3に示すように、放物線軌道の山を越えてカップインさせるときにはそうはいかない。

極意のまとめ

斜面グリーン上でのボールの軌道は放物線となる。少し強めに打てば、ボールはあまり曲がらない。0.5秒程度でカップインする距離なら、曲がりはたった数cmと心得るべきだ。

図3 斜面のパットには2通りの打ち方がある

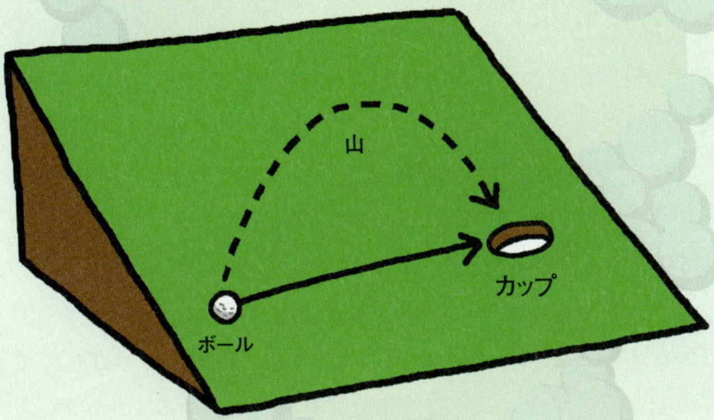

4-4 「等高線の法則」とはなにか?

始めの極意

グリーンの起伏は地図の等高線で表す。ボールはいつもその等高線に垂直に走ろうとする。

極意の解説

図1のような、山から谷に落ちる難しい起伏があるとする。山から谷に向かってショットするとき、ボールはどのように曲がるだろうか？　アマチュアはプロのような豊富な経験に頼ることはできない。そこで、この起伏を表す等高線を想像するのだ。図1のように等高線を引けば、ボールに対する重力は、絶えずこの等高線に垂直な方向に働く。

だから図1の場合には、等高線に垂直な線を結ぶ方向にボールは運動するのだ。そこでボールの全体の軌道を考えるときには、まずカップの側から見る。ボールからカップを見て、軌道を決めるのではない。

カップの側から見て、等高線に垂直な線を探す。その線に沿ってボールは動いてくるのだ。つまりこれで線KAが決まる。そこでボールB点からA付近を狙うわけである。

これと逆でも、軌道の読み方は同じである。K点がボールでB点がカップの場合、Kから出発したボールには等高線と垂直に重力が働いて曲がる。この曲がりを計算に入れてそこにカップがあるように打つ。しかしこの場合（カップまでの距離が遠い場合）はまだボールに速度がついているから、ボールは等高線に垂直に力

図1 起伏を表す等高線を想像する

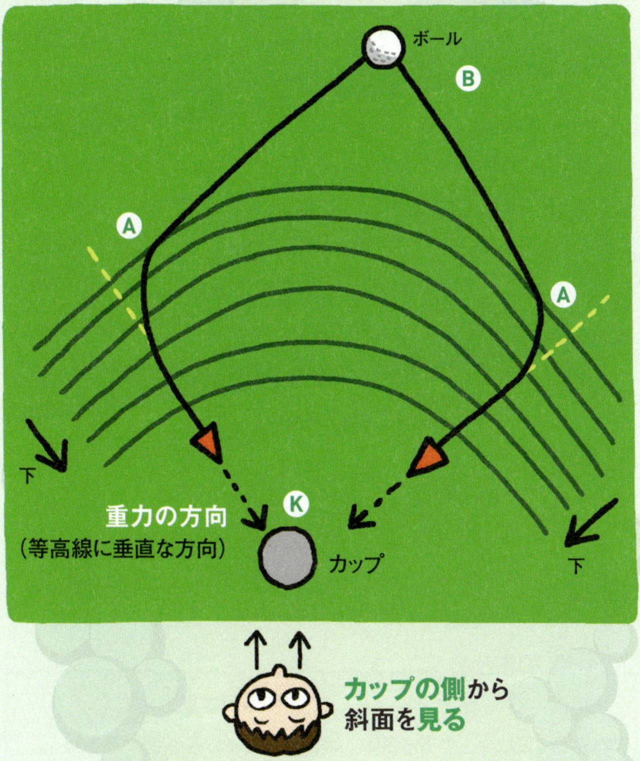

を受けながら屈曲してゆく。

極意の科学

山登りでもおむすびの転がる方向は、等高線に垂直な方向である(図2)。落石が落ちる方向も同じである。これはなぜか？　証明は簡単である。いま、等高線の上を、それに沿ってものを動かすとする。等高線の上だから、その上でいくらものを動かしても、重力に逆らうことはない。これはまったく平面であるスケートリンクでは、いくら動いても重力に逆らわないことと同じである。

このように、重力が働くのは等高線に垂直に動くときである。もっと厳密にいえば、ものを動かして仕事をするのは、力に動かした距離をかけた量が0でないことである。いま、等高線の上を動かしたとき、この仕事が0なのだから、

仕事＝力×距離＝0

つまり、力が0ということである。

極意のまとめ

起伏に等高線を2本ぐらい想像するのは難しくない。下りの場合には、この等高線に垂直な方向からカップインする。上りの場合には途中、等高線に垂直な方向に力が働き、曲がって走る。実地の練習のほかに、地図帳で鉛筆を走らせて思考実験をするとよい。

図2 おむすびの転がる方向を考える

おむすびの転がる方向は?

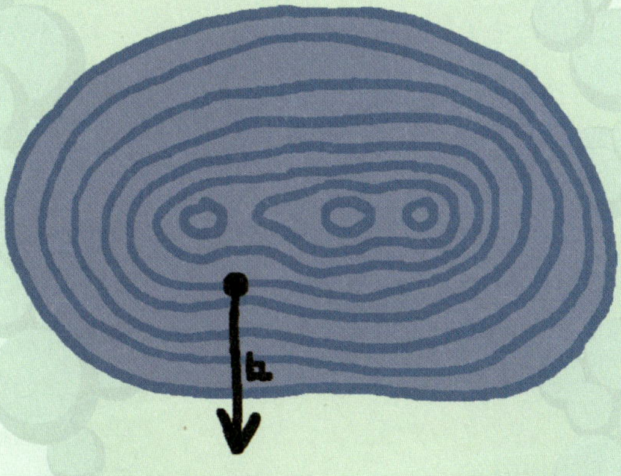

おむすびの転がる方向＝**等高線に垂直**

4-5 上りパットはOKではない

始めの極意

「下りのパットは難しいが上りのパットはやさしい」というのは正しくない。よく走るよいグリーンでは、むしろ下りがやさしい。だから軽々しく「上りだからOKですよ」といってはならない。

極意の解説

カップのど真ん中を狙う人ならいざ知らず、図1のようにインパクトで外して打った場合には、上り、下り、どちらが有利なのか？　これは、図1を見れば一目瞭然である。上りの軌道では、重力の働きで、外れはますます外れてしまうのだ。つまり重力は、外れを大きくするように作用する。

ところが、下りの軌道ではこれが逆になり、重力は外れを小さくするように働くのだ。つまり図2に示すように、軌道はカップに焦点をつくるように屈曲する。これだけなら単純に「下りのパッティングのほうが上りの場合よりやさしい」ということになる。

しかしこれは多くの常識、多くのゴルフ本と異なる。この矛盾をどうするか？　それはこれまでの常識が、ほかの要素だけを考慮していて、重力による屈曲を考えていないためである。

もちろん上りは下りより強く打つ。このため途中の芝の微妙な凹凸に敏感に影響されることはない。一方、下りでは弱く打つのが常識である。弱く打たれれば途中の芝の凹凸の影響を受けやすいのだ。

図1 上りのほうが下りよりも大きく外れる

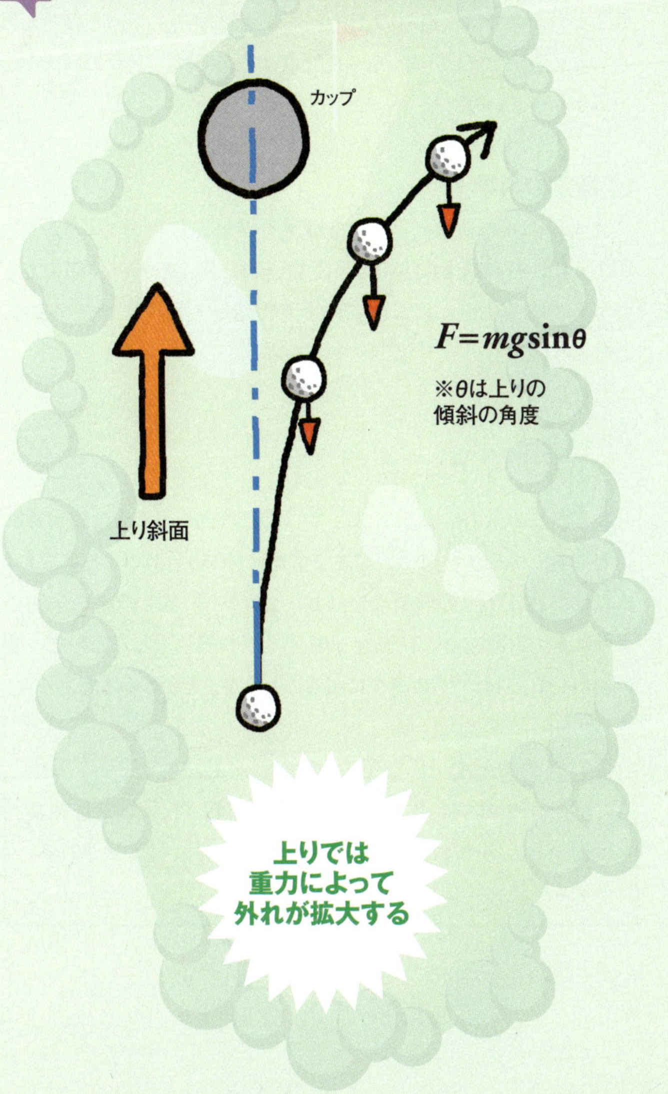
カップ
F=mgsinθ
※θは上りの
傾斜の角度
上り斜面
上りでは
重力によって
外れが拡大する

しかしこれは、芝の状況が悪いコースの場合である。芝の状況がよいコースでは、途中の芝の凹凸を考慮する必要などほとんどない。だからこのような芝の良好なコースでは、下りのパットのほうがやさしいのだ。

極意の科学

まず、上りの軌道にどのような重力が働くのか調べよう。図1のように、飛球線方向からずれた軌道には図1の赤い矢印のような外向きの重力Fが働く。この上りの傾斜の角度をθとすると、このときの重力の成分は、

$$F = mg\sin\theta$$

となる。この重力の成分によって、軌道は図1のような放物線軌道となる。つまり軌道は、ますますカップから外れるようになる。

これが逆に下りの軌道ならばどうなるか？　図2の赤い矢印のように重力Fは内向きに働き、軌道は放物線軌道となるのだ。図2を見れば、外れてもカップに戻ろうとすることがわかるであろう。

極意のまとめ

凹凸が少ないなめらかなグリーンでは、下りを少し強めに打つと、ボールは重力のためカップ方向に引き戻される。ナイスイン！

図2 下りは上りよりもカップから外れにくい

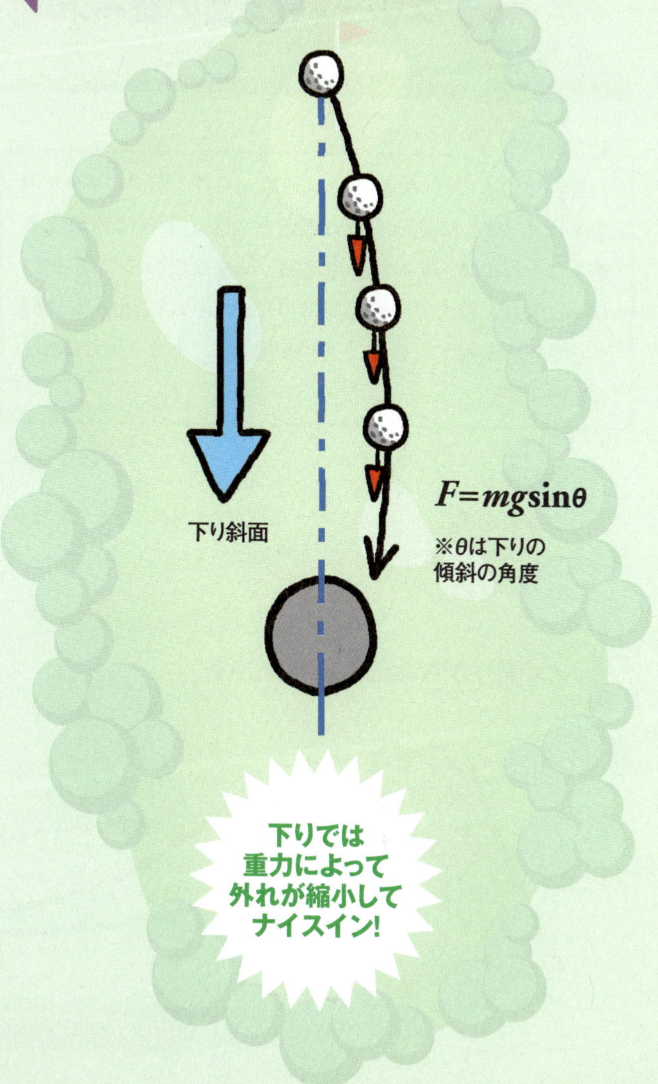

下り斜面
$F=mg\sin\theta$
※θは下りの
傾斜の角度
下りでは
重力によって
外れが縮小して
ナイスイン!

4-6 グリーンの芝目の読み方

始めの極意

芝目に沿って打つか、それに逆らって打つかで、ボールの走りは±30%は違う。そこで芝目をどのように判断するか？　それには、度の強い老眼鏡、または虫眼鏡を使って、10cm四方を拡大して直接見るのだ。「山のほうから海に向かって芝目が寝ている」などという教えは、あまりあてにはならない。

極意の解説

芝目が順目か逆目かによってボールの走る距離は大きく変わる。逆目なら、10mのつもりで打っても7mで止まってしまったり、順

図1 よくありがちな芝目の判読方法

目ならこれが13mも走ってしまったりする。だから順目、逆目を判読するのはすこぶる大切である。それに横目もバカにならない。

多くの教本などには順目、逆目の判読方法が書いてある。たとえば、

❶山から風が吹き、これで芝目の成長が影響されるから、山から谷（海）に向かって芝目が倒される。つまり山から見ると順目となる。

❷南側に向かって芝目がつく。芝は太陽を求めて生長するからである。

❸3m間隔で芝目が逆転している。芝刈り機の移動が逆になっているからである。

❹こちらから見て芝面が光っていれば順目、光っていなければこちらに向いた逆目。図1－❹のようにこちらから向こうに芝が向いていれば、太陽の光が反射されて光ることになる。

このような教えは正しいこともあるが、あてにはならない。春の季節風の方向は場所によって違うからである。確かに北関東では春先の風は北、つまり山から吹く。だから、春伸びる芝はこの北風の影響を受けるであろう。

しかし、これは日本海側ではあてはまらない。日本海側では、山は南にあるのだ。北海道では東西に山が走っているではないか！　また、確かに芝は太陽が差し込む方向に伸びる。しかし、南とはかぎらない。森や山にさえぎられて、西日しか差さないかもしれないからだ。

そこで芝目を判読するには、上や横から直接芝の様子を見るのがてっとり早い。しかし、いちいち芝面にかがんでじっと芝目を見つめていたのでは、周りに迷惑をかける。そこで即座に芝目を判読するためには、度の強い老眼鏡を手早くかけることだ。ポケットに入る虫眼鏡でもよい。この老眼鏡または虫眼鏡には、正方形の枠をつくっておくのがよい（図2）。この枠がだいたい10cm四方の芝をとらえるようにつくっておくのだ。そして、この枠内の芝の目の方向を判断する。このためには少し練習が必要である。

レンズの中につくった、図2のような1cm四方の枠の中に入る芝目を見ると、順目のもの、逆目のもの、横目のもの、そのどれでもないものが混在している。だから、枠の中の芝1本1本はどうでもよいのだ。ざっと見て順目が多いのか逆目が多いのか、数秒で判断すればいい。これには練習が必要だから、プレーの前、コースの練習場で実際に何度も試してみるとよい。

極意のまとめ

老眼鏡、虫眼鏡の枠内に見える芝が、全体としてどちらを向いているか、を判読して順目、逆目を読む。

③

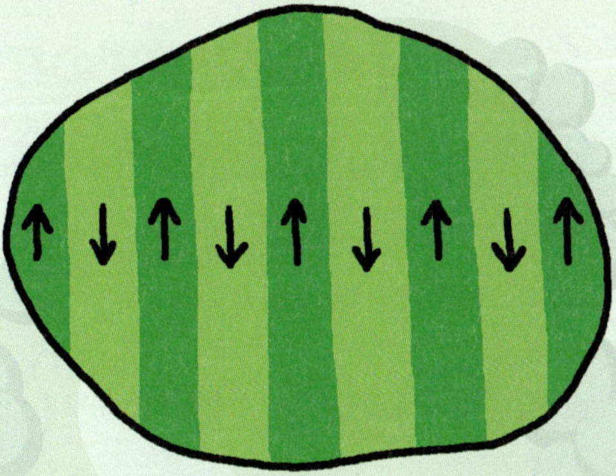

芝は交互に刈られるから逆の目になる

④

図2 即座に芝目を見られる裏技

4-7 左右方向の芝目での打ち方

始めの極意

芝目が左右、横に向いている場合を考える。

❶真横のときはふつうに打つ

❷斜め横から芝目が逆らうときは、重力のときのように放物線軌道で曲がる。

極意の解説

グリーンの芝目が真横から流れているときには、当然なにごとも打ったボールには起こらない。ボールに対する芝目の向きの影響はないわけだ。図1のように、芝がほぼ水平に寝ているときにはなおさらそうである。不完全に寝ている場合でも芝目の影響は小さい。

しかし、図2のように真横ではなく、少し斜めに逆らう形になればまったく違う。芝目がボールの進行を妨げることになるから、軌道は外側に曲がることになる。そして、この軌道の形は重力のときの放物線である。重力の場合とまったく違うこともある。それは、この放物線軌道の後半部分である。軌道は図2のように屈曲し、やがて芝目に垂直になる。これから先は❶の場合と同様で、そのまま直線的に進む。

では斜めの芝目が、逆ではなく順目になっている場合はどうか？　このときは重力のような「落下させるような力」は、働かない。つまり、この場合も芝目の影響はない。これはわかりやすいだろう。

図1 芝目が真横から流れている場合

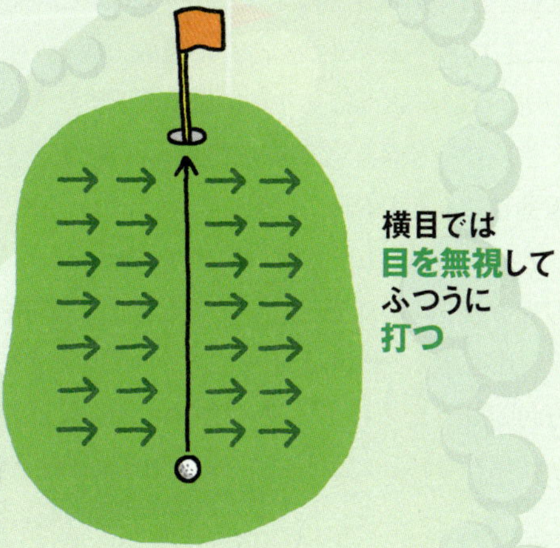
横目では
目を無視して
ふつうに
打つ

図2 斜めから逆らう逆目の場合

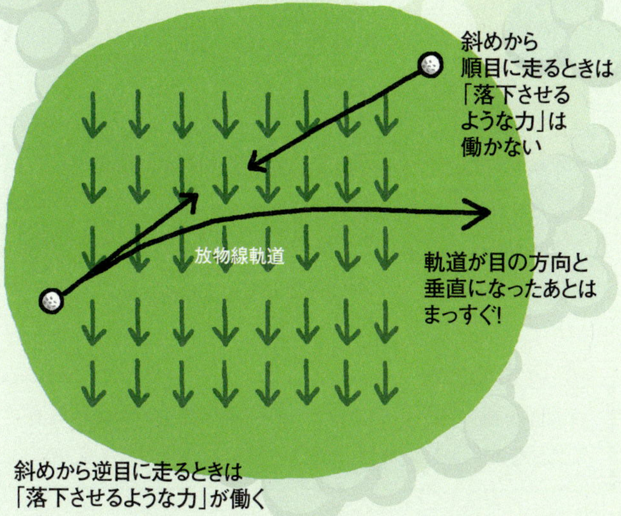
斜めから
順目に走るときは
「落下させる
ような力」は
働かない
放物線軌道
軌道が目の方向と
垂直になったあとは
まっすぐ!
斜めから逆目に走るときは
「落下させるような力」が働く

極意の科学

芝目が斜めから逆らうようになっていると、ボールの軌道はどうして右に曲がるのか？　これは光線の屈折の法則に似ている。図3のように、芝目はy方向に流れていると考える。そこでy方向に垂直なx方向を考える。芝目はy方向を向いており、y方向の運動はじゃまするが、x方向にはなんのじゃまもない。一般に、じゃまがなかったり、とくにほかの影響がなかったりすれば「運動量の保存法則」が成り立つ。いま、芝目の影響を受ける前のボールの速度をv、影響を受けた後での速度をv'とし、y軸に対する方向（角度）をそれぞれi、rとする。そこで運動量mv、mv'のx成分は保存される（変わらない）のだから（運動量保存の法則）、

$$v\sin i = v'\sin r$$

これより

$$\sin i/\sin r = v'/v$$

となる。もちろんボールの速度vは、芝目に入る前のほうが大きいから、v'/vは1より小さい。つまり$\sin i/\sin r$は1より小さい。つまり角度rは角度iより大きい。このことを図3に示してある。この仕組みから、軌道が右に屈曲していくことがわかるであろう。

極意のまとめ

芝目が横の場合、図2のように斜めに逆らうときには右カーブとなる。それ以外は、横目の影響を考えなくてよい。

図3 芝目に影響されて軌道が右に傾く仕組み

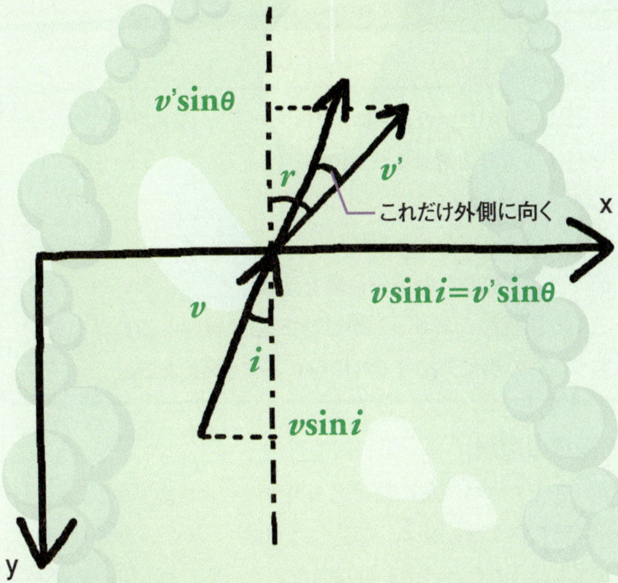

4-8 パッティングを左に曲げるな

始めの極意

ほとんどのアマチュアは(実はプロも)、左に曲げてカップを外す。これを避けるためには、

❶右手の力を抜く

❷トウ寄りにインパクトする

❸グリップで左右の手の位置を逆にする

という選択肢がある。しかし❶と❸は練習と慣れが必要であり、その場で対応するには❷がおすすめである。

極意の解説

ボールをカップの左に曲げて失敗するのはさまざまな原因があるが、そのおもなものは、右手の力が強く、ヘッドが左曲がりに傾いてしまうことと、手を伸ばさないで打ち、ヘッドの軌道が曲がってしまうことである(図1)。これを避けるためには、ヘッドをカップ方向に向けて正確に打ちだすということに尽きるが、これがおいそれとできないから苦労するのだ。まさに「言うは易く行うは難し」である。

しかし、そんな苦労のいらない極意がある！　それはヘッドの中心にボールを当てるのではなく、それより少しトウ寄りに当てるという技だ(図2)。こうすればインパクトのとき、その反作用(反動)で、ヘッドが少し開く(右に曲がる)。この開きによって、ボールは右に傾いて飛ぶ。これが左曲がりするのを抑えてくれるのである。

図1 右手の力が強いと左に曲がる

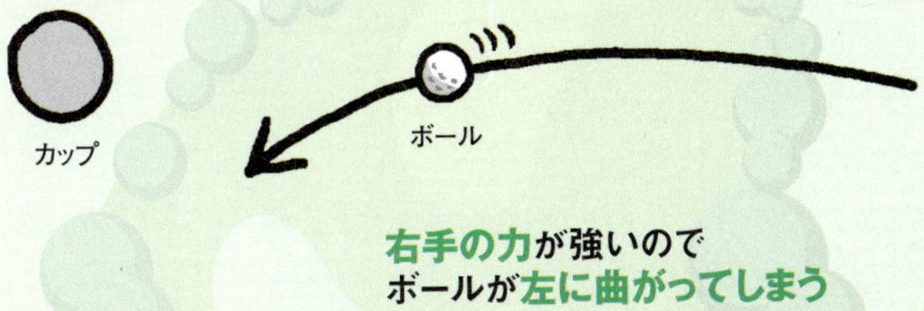
カップ
ボール
右手の力が強いので
ボールが左に曲がってしまう

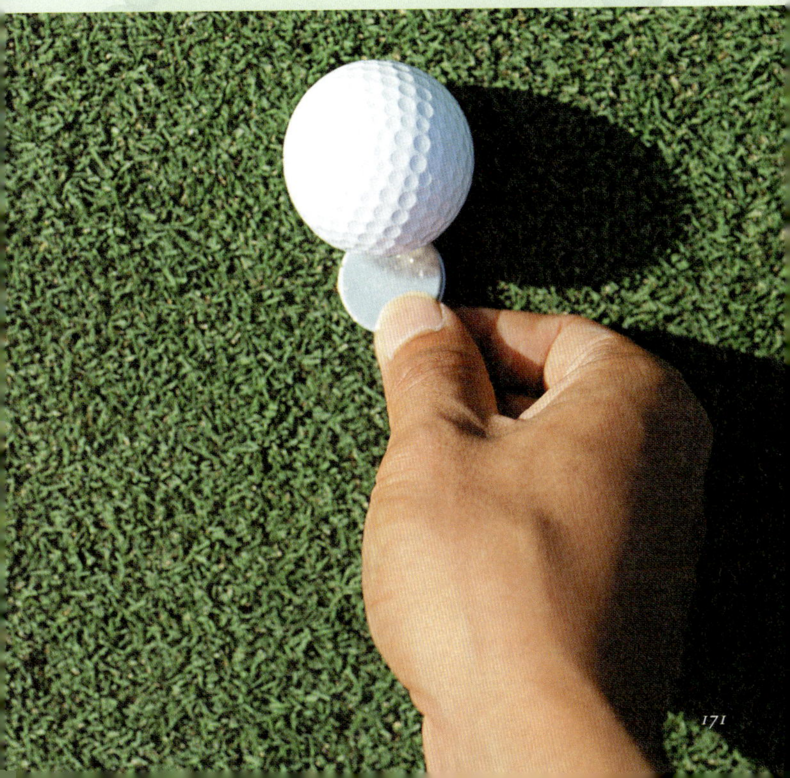

極意の科学

ヘッドの中心からrだけずれた点に、ボールがインパクトしたとしよう。このときのインパクトの衝撃力をFとすると、力のモーメントNは、

$N = r \times F$

力のモーメント＝ヘッドの中心からずれた距離×インパクトの衝撃力

となる。この力のモーメントによって、ヘッドは重心の周りに回転する。その回転の角速度の変化分は、インパクトの時間tの間では、

$(r \times F)/It$

(ヘッドの中心からずれた距離×インパクトの衝撃力)/慣性モーメント×インパクトの時間

となる。Iはヘッドの、重心の周りの慣性モーメントである(鉛直軸)。つまり、このヘッドの変化分はrに比例する。インパクトの場所をトウ側に寄せれば寄せるほど、ヘッドの傾きは大きくなるのだ。そこで、自分の外れる度合いを見て、この位置を調整するのだ。

極意のまとめ

カップの左に外しやすい人は、ボールをトウ寄りにインパクトせよ。インパクトの場所を中心から外せば、その外した距離に比例して、右に曲がる度合いを大きくできる。

図2 左曲がりを相殺するテクニック

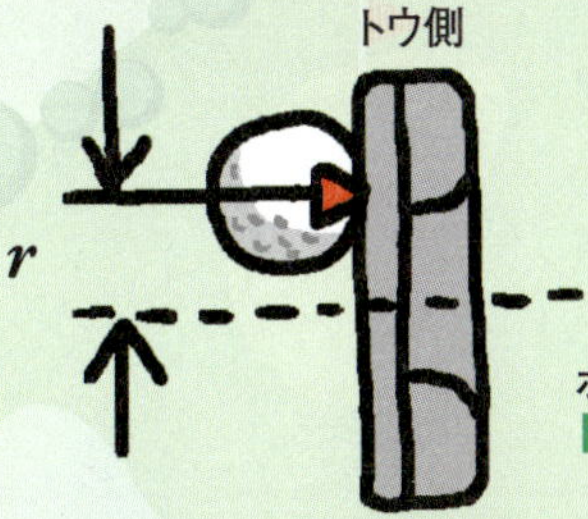

パッティングのときに**左曲がりになってしまう人**は、**トウ寄りで打つことで**ヘッドが右に曲がるため、**左曲がりを減らせる**

第5章

クラブの特性と打球の極意

5-1 ロフト角と打球との関係

始めの極意

「ロフト角」とはフェースの傾きである。角度が大きいほうがボールは高く上がりやすい。しかし、打ち方によってこの高さは大きく変わる。

極意の解説

通常、ロフト角は「リアルロフト」といわれ、図1のようにシャフトを鉛直に立てたときのフェース面の傾きの角度を表す。通常のドライバーでは9度から11度（女性向けで12度から14度）である。なお3W（3番ウッド、スプーン）で15度、5W（5番ウッド）で18度ぐらいだ。あまり日本ではなじみがないが、女性はドライバーではなく2W（2番ウッド）、14度を使うこともある。

当然のことながら、あまり上がらないときにはロフト角の大きなクラブを使うことになる。しかし上がらない、上がりすぎるというのはロフト角のせいだけではない。状況にもよるが、仰角30度（図2）、というのがアマチュアでは理想的である。

この仰角より小さい場合には、ロフト角が大きめのものを使うとよい。そしてインパクトの瞬間、ヘッドが「下降軌道」にあるように打つ。これを「ダウンブロー軌道」という（図3）。逆に仰角が大きく、上がりすぎのときにはインパクトで「上昇軌道」にあるように打つ。これを「アッパーブロー軌道」という（図4）。つまり、一般に上昇軌道になるのは、ボールを左側に寄せることであり、逆に下降軌科学ボールを右側に寄せること、ということになる。

図1 リアルロフトとは？

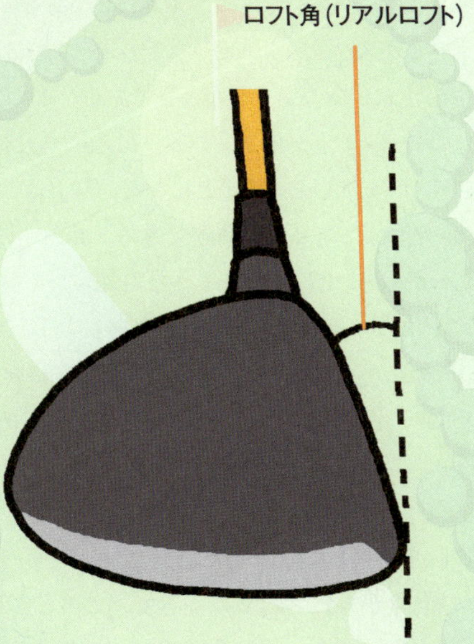

極意の科学

ボールが高く上がる条件は、おもに2つある。1つは図5のように、ボールがスウィートスポット(フェースのほぼ真ん中)から外れて少し上にインパクトしたときである。このときには図5のように力のモーメントが働き、ヘッドは上向きに回転する。これによってボールは高く上がることになる。

2つめの条件は、スピンの問題である。ボールの回転、つまりスピンは、ボールに上に上がるような力(揚力)を発生させるのだ。図6のようにボールがインパクトしたとしよう。このときボールにはフェース面から抗力が働く。この抗力は常に面に垂直である。ところがヘッドがインパクトの瞬間、下降軌道にあると、フェース面はボールに対して下向きにすべっていることになり、ボールの側では図6のような右回りのスピンが発生する。ここで大槻の左手の法則が再登場する。4本の指を握って左手を高く上げる。指の握りの向きがスピン回転の向きで、このとき手を上げた方向が揚力の方向である。上昇軌道で打てば揚力ではなく、下降力が発生する。

極意のまとめ

自分の球筋を見極め、上げたければロフト角が大きめのクラブを使う。それだけではなくスウィングに注意して、インパクトで下降軌道になるように打つ。また、若干ティを高くして、スウィートスポットより多少上にインパクトするようにする。

図2 アマチュアの理想的な仰角は30度

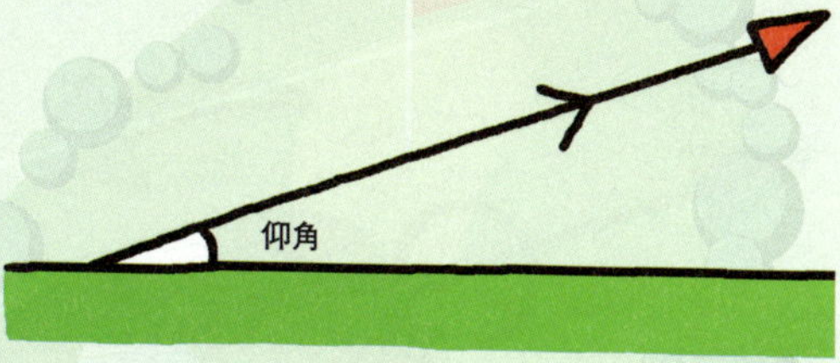

図3 ボールが下がりすぎるとき

図4 ボールが上がりすぎるとき

図5 ボールが高く上がる原因❶

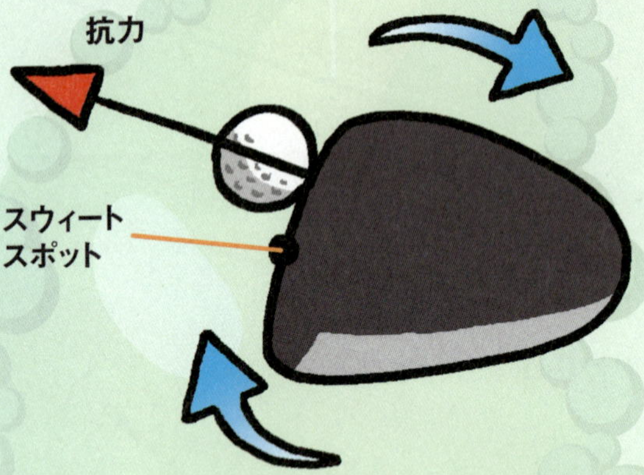

図6 ボールが高く上がる原因②

5-2 シャフトのフレックス

始めの極意

「フレックス」とは、シャフトの硬さ、やわらかさ、つまりしなりやすさである。非力な人はやわらかいものを選ぶと飛距離がでるが、ミスも多くなる。若い男性はフレックスS、SR、シニアの男性はR、R2ぐらい。若い女性はA、Lあたり、シニア女性はL、R3などがおすすめだ。

極意の解説

フレックス、つまりしなりやすさは、図1のように一端を固定して、他端に重りをぶらさげて測定する。シャフトの太いほうを固定した場合を「順式たわみ（順フレックス）」、細いほうを固定した場合を「逆式たわみ（逆フレックス）」という。一般にこれらの平均をとってフレックスの目安とする。フレックス表示の例を以下に示す。

X　S　SR　R　R2　A　L　R3

硬い←　　　　　　→やわらかい

表示は、右に行くほどやわらかくなる。つまり、いちばん硬いのがXで、いちばんやわらかいのがR3である。

しなりやすいシャフトは、インパクトの瞬間、ヘッドがシャフトのしなりによって前方に突きだされ、そのぶんだけインパクトに勢いがつく。これが1－5でも解説した「遠心力」の効果である（図2）。しかしシャフトは前方にしなるだけではない。図3のように下方にもしなるのだ。このため思わぬミスショットがでてしまう。

図1 しなりやすさの調べ方

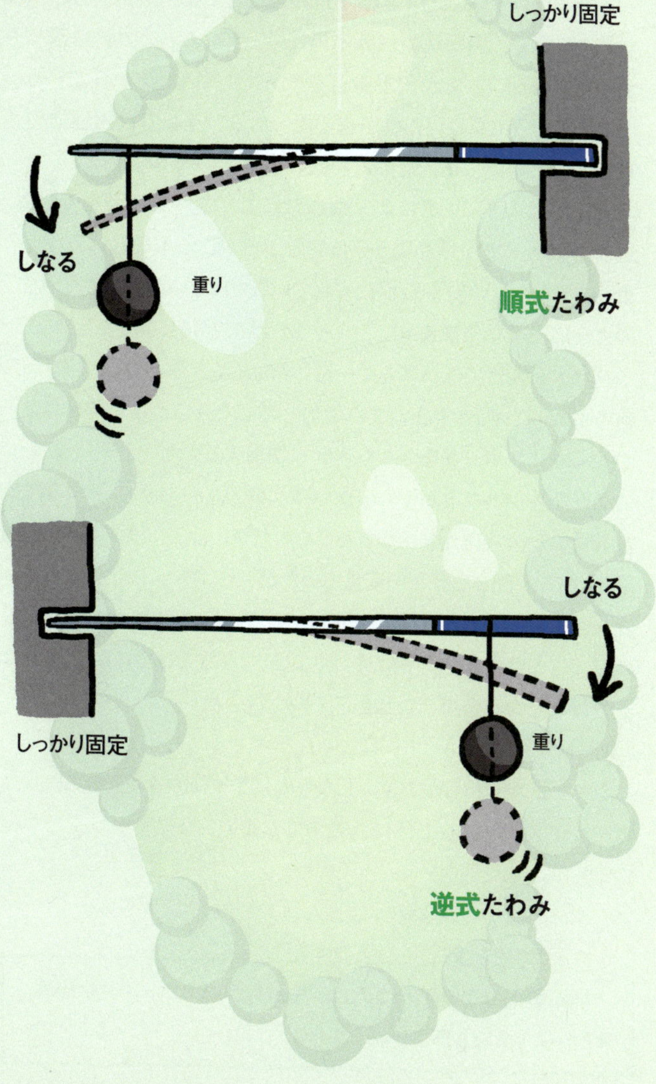

極意の科学

円運動している物体には、円の外側に飛ばされるような力(慣性力)が働く。遊園地の回転木馬に乗っていると、外側に飛ばされそうになる。電車が円形軌道をカーブすれば、体が外側にもっていかれそうになる。これが遠心力である。遠心力は円運動の速度の2乗に比例する。遠心力の式はすでに1－5で述べた。

ヘッドはスウィングによる遠心力によって外側に力を受ける。この力はヘッドの重心にかかる。ところがこの重心Gは、図2のようにシャフトの線から横にずれているではないか。このため図2のように、遠心力によって、シャフトは前方にしなることになる。インパクト直前にヘッドスピードが増加すると遠心力も増加して、前方しなりも増加する。この増加したしなりによってインパクトが強くなり、ボールをたたく速度も増加するのだ。

それならシャフトがやわらかいほうが、遠心力を活用するには有利なのか？　確かにそのとおりなのだが、そこには思わぬ「副作用」もある。図3をもう一度見ていただこう。ヘッドの重心はシャフトの線から横にずれているだけではなく、上下にもずれているのだ。このためシャフトは横(前方)にしなるだけではない。実は下方にもしなるのだ。これを「トウダウン」ということもある(1－5参照)。

シャフトがやわらかすぎ、しなりの効果がトウダウンに働くと、ボールがフェースの上部に当たってしまい、ミスショットとなるのである。

極意のまとめ

飛距離がでない非力な人は、やわらかいフレックスを選ぶ。R2からAあたりがよい。

図2 遠心力の効果とは？

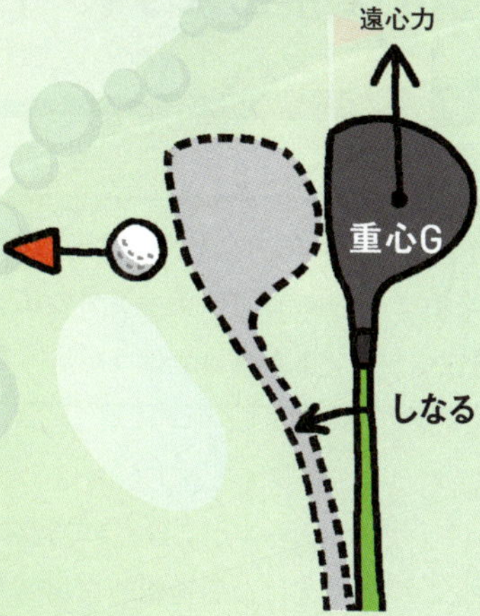

図3 シャフトのしなりは前方だけではない

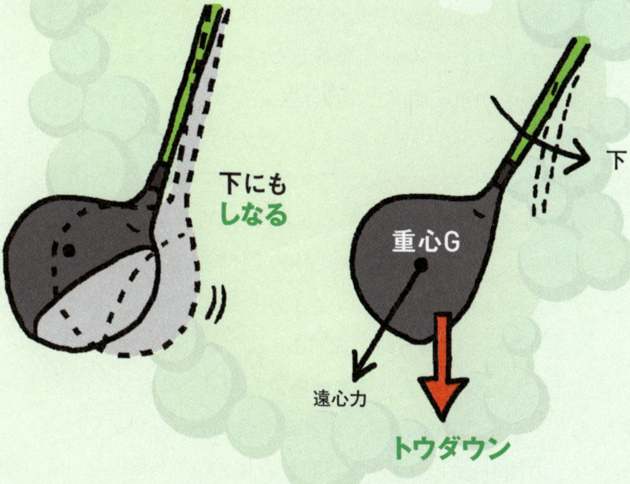

5-3 重心深度とスウィートエリア

始めの極意

スウィートスポットの周りのスウィートエリアは、広いほうがミスショットしにくい。スウィートエリアの広さは、重心深度が深く、慣性モーメントが大きいほうが広くなる。

極意の解説

「スウィートスポット」とは、ボールがこの点に当たれば初速度が最大になり、心地よい手ごたえになる理想的な場所である。この点でのインパクトは、ヘッドの重心に当たったことと同じである。従ってスウィートスポットは、重心と一直線になっていなければならない。与えられたクラブのフェース上でスウィートスポットを決めるには、図1のように重心Gからフェース面に垂線を引き、これがフェース面と交差した点ということになる。また、この線の長さが重心深度である。

さて、ボールがこのスウィートスポットに当たれば、ヘッドの向きが曲がらない。しかし、アマチュアがいつも、ボールをスウィートスポットにうまく当てられるとはかぎらない。図2のように、ボールがスウィートスポットからトウ側に外れて当たったとしよう。するとヘッドはこの反動で、上から見て右回りに回ってしまう。つまりボールは右方向に飛ぶことになる。右方向に飛んでも、方向にして5%程度なら、まあまあ許される。これは左方向も同じであり、上下方向も同じと考えるべきである。つまりスウィートエリアの周りに、許される範囲というものがあるのだ。これが

図1 スウィートスポットとは？

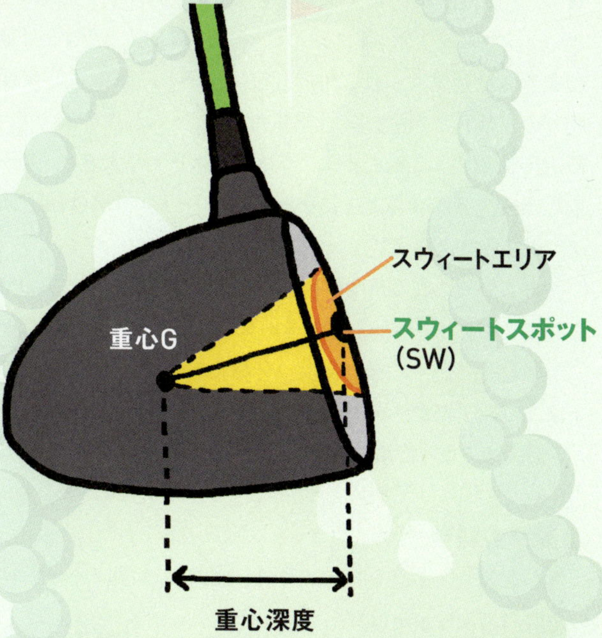

「スウィートエリア」である。通常のドライバーでは直径2.5cm程度の、円に近いエリアである。もちろん、スウィートエリアの大きいクラブのほうが、ミスショットはでにくい。スウィートエリアの大きさは通常、ぶれる角度(図3のようにこれは重心深度線の周りの立体角)で決まる。「立体角」とは、ある点の周りの半径1の円の面積だ。このため、スウィートエリアの大きさ(直径)は、重心深度に比例することになる(スウィートエリアの面積は重心深度の2乗に比例する)。

一方この横ぶれの角度は慣性モーメントに反比例するので、重心深度と慣性モーメントが大きいクラブが理想的だ。これを同時にかなえるのがヘッドの大きさ(体積)で、「デカヘッド」ドライバーはこの理屈だが、デカヘッドになればスウィングの慣性モーメントが大きくなって振りにくいし、空気抵抗も悪さをする。

極意の科学

重心を通り、鉛直な軸の周りの、時間Δtの間のヘッドの回転の角度の増加分$\Delta\omega$は、

$\Delta\omega = N\Delta t / I$
ヘッドの回転の角度の増加分＝重心に対するボールの抗力Fの力のモーメント×時間/鉛直軸の周りの慣性モーメント

となる。Nは重心に対するボールの抗力Fの力のモーメントだ。

$N = r \times F$
重心に対するボールの抗力Fの力のモーメント＝重心からの距離×重心に対するボールの抗力F

図2 ボールがスウィートスポットから外れると?

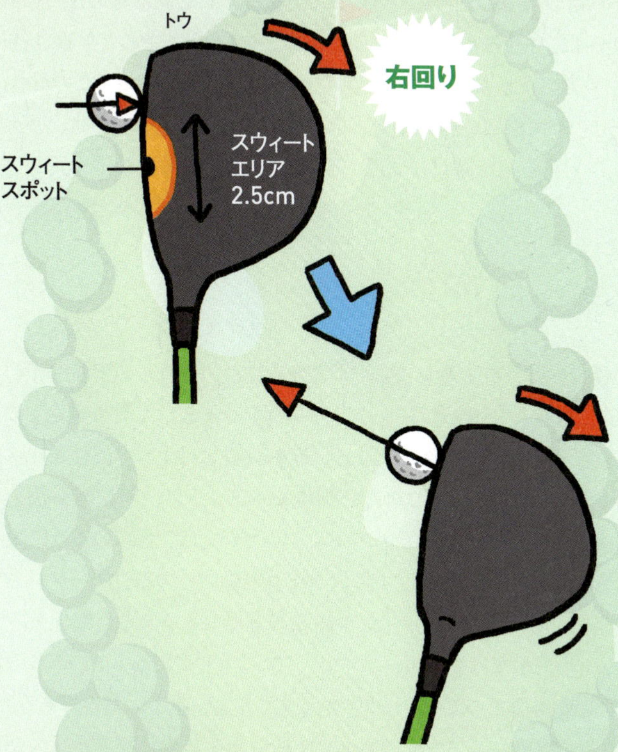

図3 重心深度が深いほどスウィートエリアは広い

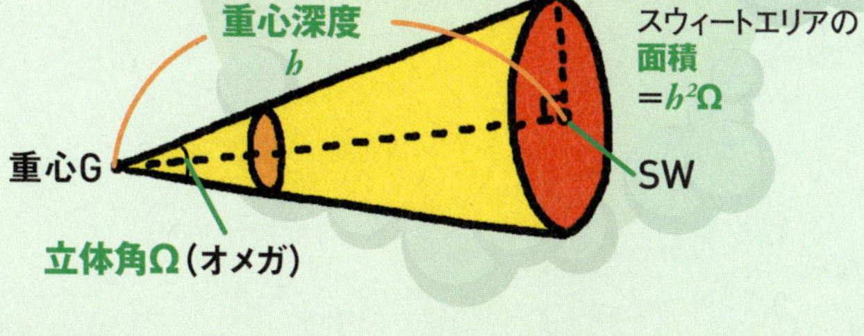

Iはこの鉛直軸の周りの慣性モーメントだ。慣性モーメントはその軸の周りの回りにくさのことである。ある回転軸の周りにものを回転させるとき、重いほど回転しにくいが、そのとき重さ(質量)が回転軸から遠くに散っていたほうが回転しにくい。このため、重りのついた細い軸の場合、その周りの回転のしにくさは、重りまでの距離rの2乗に、また、その質量mに比例する(図4)。

$I=mr^2$
慣性モーメント＝質量×重りまでの距離の2乗

質量がたくさん散らばっているときには、それらの質量までの距離の2乗に、その質量をかけたものを次々と足し合わせたものの合計が慣性モーメントとなる。回転運動にはすべて慣性モーメントがついてまわる。このため慣性モーメントは、回転軸を決めて決定する必要がある。ヘッドについていえば、図5のように重心を通る水平軸の周りである。シャフト軸周りの慣性モーメントも存在する。さらにスウィング回転の運動にともなった慣性モーメントも忘れてはならない。さて、このようにしてヘッドのぶれの度合いが決まる。このぶれは、あくまで左右、上下の角度である。これは立体角である。だからスウィート立体角が決まると、スウィートエリアの面積は、図3のように、このスウィート立体角Ωに距離hの2乗をかけたものとなる。つまり、

$S=\Omega\times h^2$
スウィートエリア＝スウィート立体角×重心深度の2乗

となる。

図4 回転軸と質量が離れるほど回りにくい

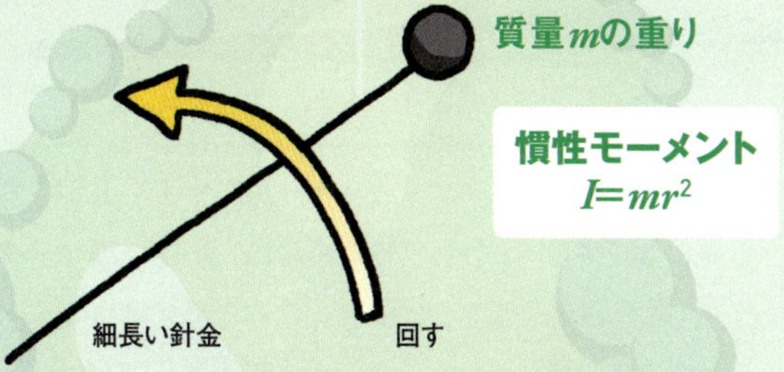

図5 ヘッドに発生するさまざまな回転運動

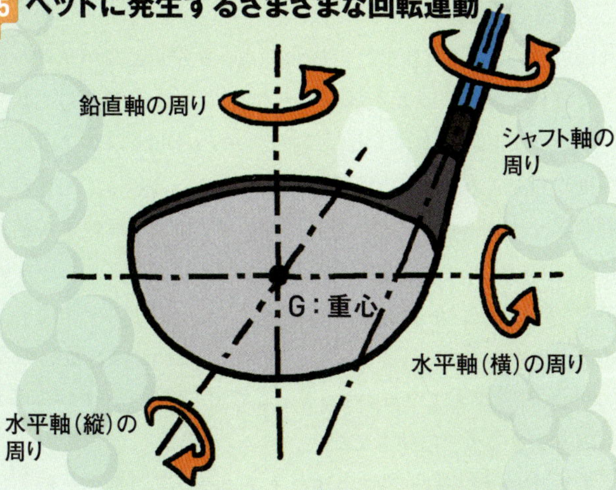

極意のまとめ

ミスショットがでやすいアマチュアは、重心深度が大きく、慣性モーメントの大きいデカヘッドがよい。しかし、空気抵抗が少ない形状のドライバーを選ぶべきである。

5-4 低重心で高い打ちだし

始めの極意

アマチュアはフェアウェイでボールがうまく上がらず、苦労する。ボールを高く上げるためには「重心の高さ」の低いクラブ（低重心化クラブ）を使う。このためにはウェイトを装着したものや、薄いヘッドのものがよい。

極意の解説

図1のようにボールを打つ場合、ボールの重心はヘッドの重心より下にある。このとき力のモーメントがかかる場所は、スウィートスポットより下にくる。このためヘッドは図2のように、水平軸から見て左回りに回転してしまう。ボールには下向きの力が働き高く上がらないのだ。特に冬場、フェアウェイの芝が枯れてしまっていれば、ボールの重心はなおさら下になってボールは上がらない。

このメカニズムをもっともよく理解するためには、重心の高いドライバーをフェアウェイウッドとして使ってみるとよい。ボールが高く上がることは決してない。

そこでメーカーは、さまざまな工夫でヘッドの重心を低くしようとする。いちばん簡単な方法は、図3のような薄いヘッドにすることだ。アメリカなどではわずか2cmの厚みのスプーンも売られている（通常、日本では厚さが3.5cmぐらい）。しかし薄くなると、ボールがラフにあり、芝の上に浮き上がっているときには、ヘッドがボールの下をくぐってしまって、いわゆる「ダルマ落とし」

図1 ヘッドの重心がボールの重心より高い場合

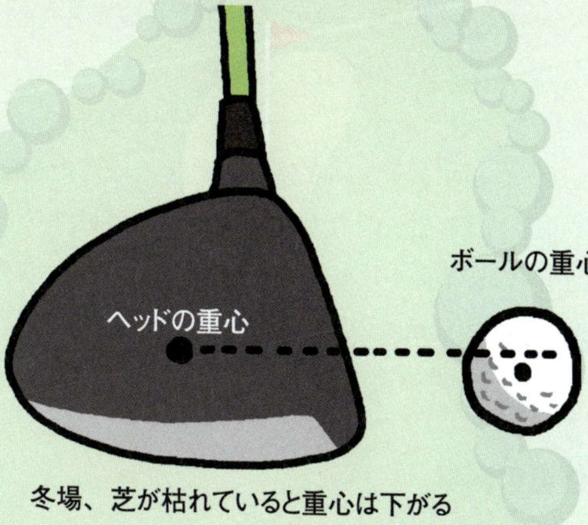

図2 ヘッドの重心より下に当たると左回りする

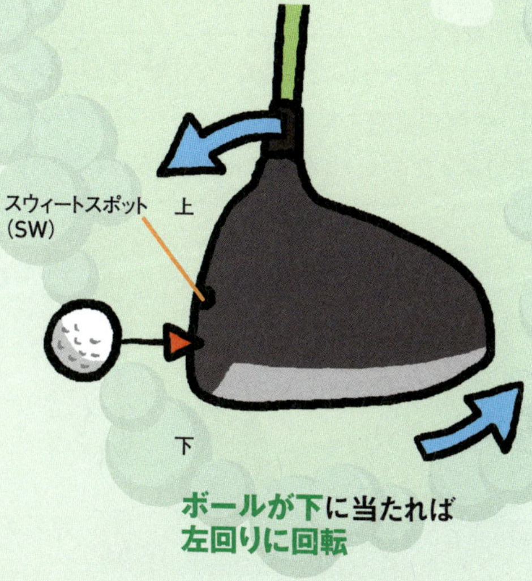

(2－3参照) ということになる恐れがある (図4)。

そこで最近のメーカーは低重心化を達成するために、ヘッドの下部、あるいはソール部分に重りをはめ込む (写真)。図5にはタングステンニッケルウェイトを装着した例を示す。また、ヘッドの上部、つまりクラウン部分を薄くして軽量化を図り、相対的に重心を下げる工夫をしたものもある。反対にヘッドのソール部分を肉厚にして重くして低重心化を図るケースもあり、クラウン部分はわずか0.5mmのチタン合金、ソール部分は1.5～2mmの肉厚というモデルもある。

極意の科学

ボールが重心の下、つまりスウィートスポットの下に当たると、左回りの回転モーメントが発生するメカニズムは、前述したとおりである。

極意のまとめ

フェアウェイでボールが上がらない人は、重心の低いウッドを使う。また意識的に番手の高いウッドを使うのもよい。3番ウッドでダメならば、8番ウッドをためらわず使用する。

図3 厚さ2cmのスプーンも存在する

写真 低重心化のための重りとは?

タングステン
ニッケルウェイト

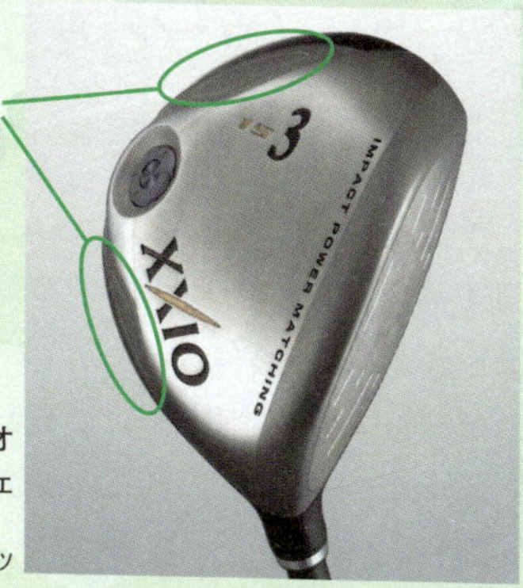

写真はダンロップの「オールニューゼクシオ フェアウェイウッド」

写真提供：SRIスポーツ

図4 薄いヘッドの弱点

ヘッドがボールの下をくぐってしまう「ダルマ落とし」

図5 さまざまな低重心化の工夫

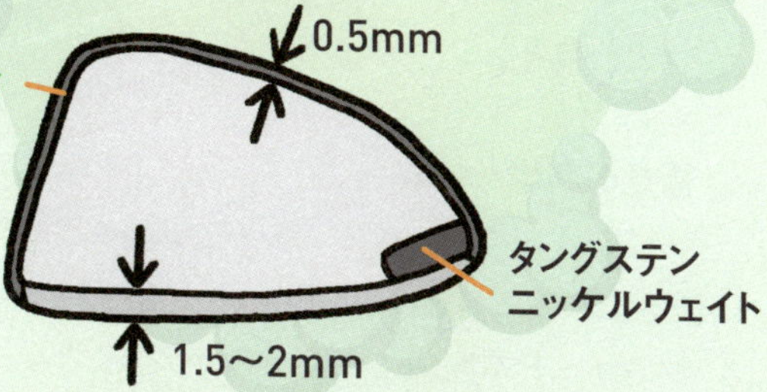

5-5 重心距離、重心角、フェースプログレッション

始めの極意

球速は、重心距離が長いほうが大きくなるが、振りにくくなる。メーカーによって重心角というものを明示する場合があるが、これは重心深度に関係した量であり、不必要なパラメーターである。フェースプログレッションが小さいほどスウィートスポットに当たりやすい。

極意の解説

重心距離とは図1のように、シャフト軸の延長線と重心との距離である。重心距離が長いほうが、スウィートスポットでボールをとらえるときの速度が増加する。しかし、重心距離が長くなると、シャフト軸周りの慣性モーメントが大きくなり、ヘッドの回転がスムーズにならず、スライスの原因となる。

一方、「フェースプログレッション」とは、フェースがどれだけシャフト軸から前に出張っているかを示す量である（図2）。もちろんこの値が小さいほうが、スウィートスポットに当たりやすい。フェースプログレッションが小さいほうが、フェースの位置がシャフトと一体となって動くからである。

極意の科学

ヘッドはインパクトの前に、シャフト軸の周りに回転している（図3）。この回転の速度（角速度）が大きいほど、インパクトのときのスウィートスポットの運動速度が大きくなる。いま、重心距

図1 重心距離とは？

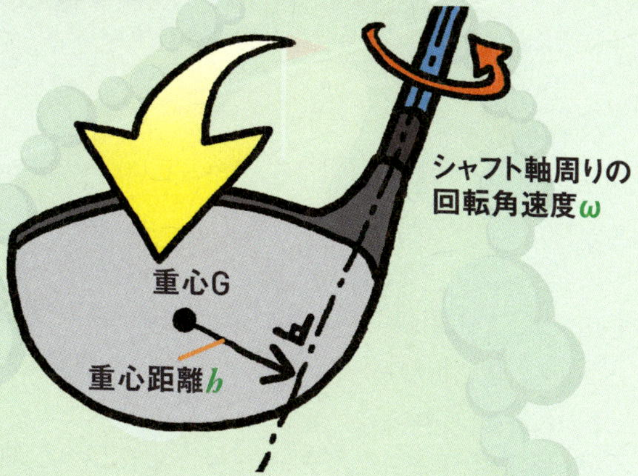

図2 フェースプログレッションとは？

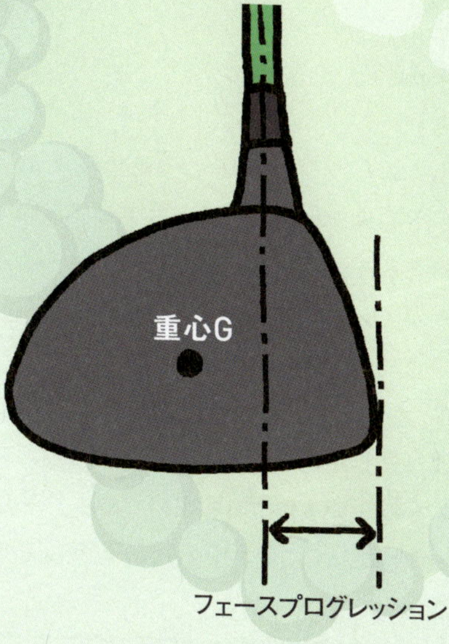

離をhとして、シャフト軸周りの回転角速度をωとすると、ボールに当たる寸前のスウィートスポットの速度vは、

$$v = V + h\omega$$

スウィートスポットの速度＝ヘッド全体の速度＋重心距離×回転角速度

となる。ここでVはヘッド全体の速度（並進速度）である。この式によって、重心距離hが長いほど、インパクト速度が大きくなることがわかる。

重心角は図4のように、シャフト軸を水平にして、自然にヘッドが傾くときの傾き角である。図4のように重心Gは常に水平なシャフト軸の真下にくる。このときのフェースの角を水平線から測ってθとすると、

$$\sin(90^\circ - \theta) = （重心深度）/（重心距離）$$

となる関係がある。このため、メーカーが重心深度と重心距離を明示してくれれば、重心角をわざわざ別に示す必要はない。重心深度の大きなものほどミスショットは少ない（スウィートエリアが大きい）。

極意のまとめ

アマチュアには、重心距離がほどほどに長いもの、フェースプログレッションの短いものがおすすめである。重心角というパラメーターは無視してよい。その代わり重心深度の大きいほうを選ぶ。

図3 重心距離hが大きいとインパクト速度も大きい

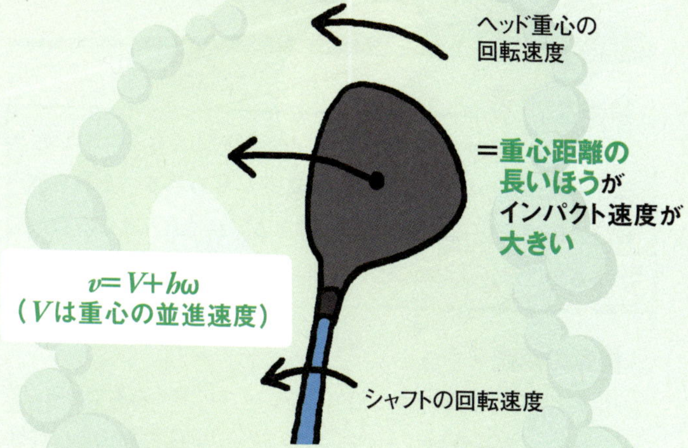

図4 重心Gは水平なシャフト軸の真下にくる

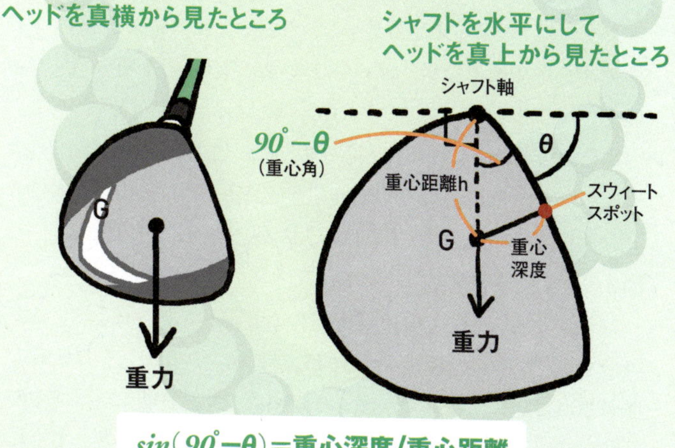

ヘッドを真横から見たところ

シャフトを水平にして
ヘッドを真上から見たところ

$\sin(90^\circ-\theta)$＝重心深度/重心距離

5-6 方向性を安定させるバルジとロール

始めの極意

バルジとロールは、フェースの凸面型のふくらみのことで、ふくらみがきついほど安定した軌道が得られる。それらはR12、R13といったように表示される。ふくらみはこの数値が小さいほどきつくなっている。

極意の解説

バルジとはトウ、ヒールに沿ったフェースのふくらみである（図1）。このふくらみのため、インパクト時の力（抗力）が重心に近くなる。このふくらみのある場合とない場合の抗力と重心の関係を図2に示す（1－6も参照）。バルジがあれば、スウィートスポットから外れてインパクトしたとき、その力のモーメント（クラブヘッドを回転させようとする勢い）が小さくなる。このためヘッドの回転ぶれが少なくなり、ボールの方向がぶれるのを防いでくれるのだ。

さらによいことには、ふくらみのため、抗力の方向が図3のようにヘッド軌道の方向からずれてきて、ボールはそのぶんだけスピン回転量が増加する。そして、大槻の左手の法則によって、図3のように飛球線方向に戻される。

ロールとは、ヘッドの上下方向のふくらみである（図4）。この場合もロールの役割はバルジと同じである。つまり上下の軌道の曲がりの安定化に役立つ。図4のように、軌道が早く落下するのを防いでくれ、ふくらみがきついほど、よい弾道を維持してくれ

図1 バルジとは?

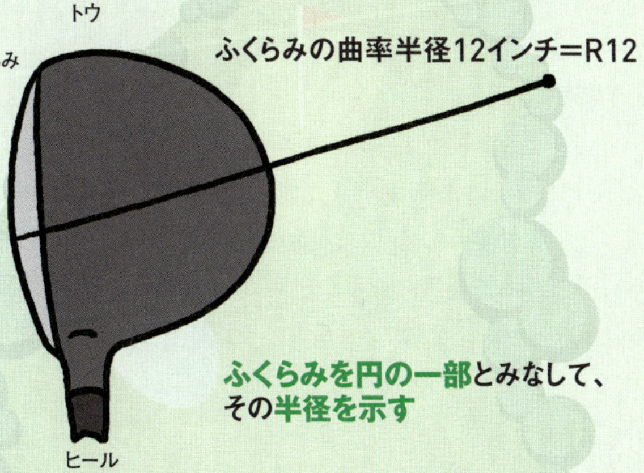
トウ
ふくらみ
ふくらみの曲率半径12インチ＝R12
ヒール
ふくらみを円の一部とみなして、
その半径を示す

図2 バルジがあるときとないときの違い

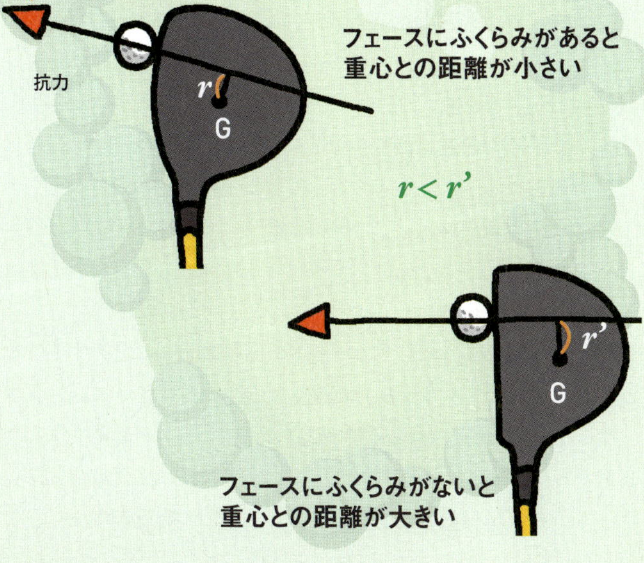
抗力
r
G
フェースにふくらみがあると
重心との距離が小さい
r＜r'
r'
G
フェースにふくらみがないと
重心との距離が大きい

る。なおR12とは、ふくらみの曲率半径が図1のように12インチという意味である。

極意の科学

図2のように、フェースが平面の場合とふくらみがある場合を考えよう。インパクトのときに働く抗力Fは、常に面に垂直である。このため図2のように、抗力の方向線と重心との距離rは、ふくらみのある場合のほうが小さくなる。そこで重心の周りの、抗力のモーメントNは、

$N=r\times F$
抗力のモーメント＝抗力の方向線と重心との距離×抗力

そこで、重心の周りにおける、ヘッドの回転の角速度の変化分$\varDelta\omega$は、インパクトの時間を$\varDelta t$として、

$\varDelta\omega=N\varDelta t/I=r\times F\varDelta t/I$
ヘッドの回転の角速度の変化分
＝抗力のモーメント×インパクトの時間／慣性モーメント
＝抗力の方向線と重心との距離×抗力×インパクトの時間／慣性モーメント

と書ける。このようにして、ヘッドの回転角はrに比例することがわかる。つまりふくらみが大きくなると、ヘッドのブレが小さくなるということだ。さらによいことは、インパクトで発生するスピンである。スピンはボールがフェースですべったために起こる。ボールがすべるのは、抗力の方向とスウィング軌道がずれている

ためである。いま、スウィング軌道は飛球線の方向とすると、抗力の方向は、ふくらみのある場合のほうが飛球線の方向からずれている。このためバルジのふくらみによって、スピンがかかりやすくなるわけである。

極意のまとめ

スライス、フックと方向性が定まらない人は、ためしにバルジの値が小さめのクラブを使ってみるとよい。まずは、R12、R11などのクラブを使ってみよう。

図3 バルジの効果

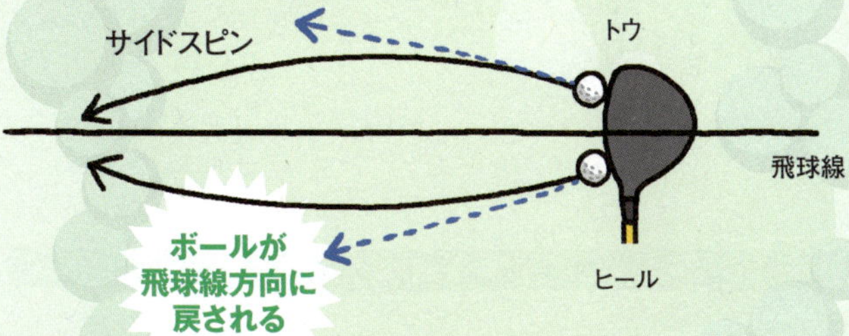

図4 ロールの効果

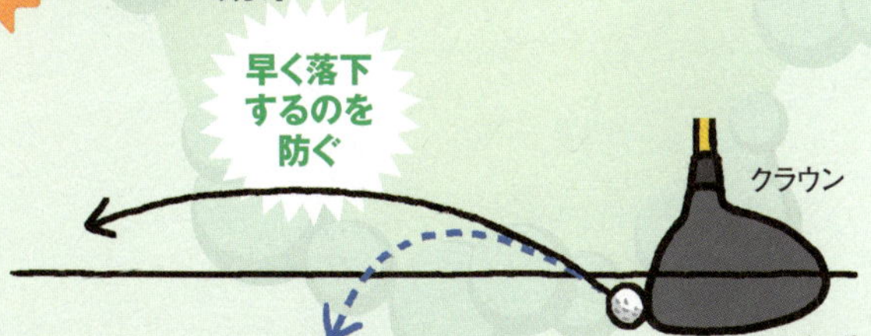

《参考書籍》

『大槻教授のまったく初めてのゴルフ』 大槻義彦 (NHK出版)

『プロのボールはなぜ重い?』 大槻義彦 (ゴルフダイジェスト社)

『本気で本当のクラブ選び』 大槻義彦/青山薫 (ゴルフダイジェスト社)

『物理学総論』 大槻義彦 (学術図書出版社)

『Dave Pelz's Short Game Bible』 Dave Pelz (Doubleday)

『The Physics of GOLF』 Theodore P.Jorgensen (Springer)

索　引

数・英

3番アイアン　104
3番ウッド　70、74、80、104
5番アイアン　104
5番ウッド　74、104
5分の2打ち　146
5分の2力学　144
OKボール　129
U字型スウィング　70
V字型スウィング　70

あ

握力エリア　54
アッパーブロー　22、30
アッパーブロー軌道　176
アプローチウェッジ　104
インパクト　19
ウォーターハザード　82
運動量の保存法則　168
エネルギー損失　98、100
遠心力　42、44、46、182
遠心力の効果　185
大槻の左手の法則　14、22、30、178

か

ガードバンカー　122
回転ベクトル　12
下降角　34
下降角度　34
下降軌道　34、176
慣性抵抗　40
慣性の法則　142
慣性モーメント　50、109、172、186、196
逆式たわみ(逆フレックス)　182
ギンミ　129
下りのパット　160
クラウン　48、85、194
転がりテスト　56

さ

逆目　162
サンドウェッジ　104
実効ロフト角　127、134、136
芝刈り機　163
シャンク　110、114、118
重心　28、44、50、56、60、70、80、94、105、124、142、172、184、186、192、196、200
重心角　196、198
重心距離　196
重心深度　54、106
順式たわみ(順フレックス)　182
順目　162
上昇角　34
上昇角度　34
上昇軌道　176
スウィートエリア　48、52、76、106、186
スウィートスポット　12、25、32、48、70、94、110、118、130、178、186、192、196、200
スウィング半径　88
スライス　22、25
赤道線　136、140
前直前加速　42
ソール　100

た

ダウンブロー軌道 176
ダフリ 68、86
ダルマ落とし 80、192
タングステンニッケルウェイト 85、194
低重心ウッド 84
ディンプル 16、19
デカヘッド 188
適応ヘッドスピード 60
等高線の法則 154
テンプラ 16、25、32
トウダウン 46、184
トウ寄り 48、76、100、118、128、134、170
トップ 24、68、110

な・は・ま

上りパット 158
ネック 104、110、114、118
バウンス 124
パター練習器 60
バックスピン 148
バルジ 52、200
バンカーだし 108、122
パンチショット 142
ハンドファースト 130
反発係数 56
ヒール寄り 25、28、48、50、112
左足上がり(上り)斜面 86
左足下がり(下り)斜面 86
ピッチ・アンド・ラン 128、134
ピッチングウェッジ 104、130、134
フェアウェイウェッジ 104
フェアウェイバンカー 124
フェース 19、25、41、50、56、64、68、76、82、86、94、104、110、114、118、124、128、134、176、186、196、200
フェースプログレッション 196
フェース角 116
フック 25、48、54、203
フレックス 42、182
ベクトルの足し算 12
ヘッドスピード 16、56、62、184
ベルヌーイの定理 22
放物線軌道 15、18、150
ボールの初速度 18、62
前上がり斜面 90
虫眼鏡 162、164

や・ら

揚力スピン 14
リアルロフト 176
立体角 54、189、190
ロール 52、200
ロフト角 19、30、126、176
老眼鏡 162、164

サイエンス・アイ新書 発刊のことば

science・i

「科学の世紀」の羅針盤

20世紀に生まれた広域ネットワークとコンピュータサイエンスによって、科学技術は目を見張るほど発展し、高度情報化社会が訪れました。いまや科学は私たちの暮らしに身近なものとなり、それなくしては成り立たないほど強い影響力を持っているといえるでしょう。

『サイエンス・アイ新書』は、この「科学の世紀」と呼ぶにふさわしい21世紀の羅針盤を目指して創刊しました。情報通信と科学分野における革新的な発明や発見を誰にでも理解できるように、基本の原理や仕組みのところから図解を交えてわかりやすく解説します。科学技術に関心のある高校生や大学生、社会人にとって、サイエンス・アイ新書は科学的な視点で物事をとらえる機会になるだけでなく、論理的な思考法を学ぶ機会にもなることでしょう。もちろん、宇宙の歴史から生物の遺伝子の働きまで、複雑な自然科学の謎も単純な法則で明快に理解できるようになります。

一般教養を高めることはもちろん、科学の世界へ飛び立つためのガイドとしてサイエンス・アイ新書シリーズを役立てていただければ、それに勝る喜びはありません。21世紀を賢く生きるための科学の力をサイエンス・アイ新書で培っていただけると信じています。

2006年10月

※サイエンス・アイ（Science i）は、21世紀の科学を支える情報（Information）、知識（Intelligence）、革新（Innovation）を表現する「ｉ」からネーミングされています。

SB Creative

science·i

サイエンス・アイ新書

SIS-112

http://sciencei.sbcr.jp/

カラー図解《ずかい》でわかる

科学的《かがくてき》ゴルフの極意《ごくい》

理屈《りくつ》がわかればどんどんうまくなる!

2009年 5月24日 初版第1刷発行
2014年 7月31日 初版第6刷発行

著　　者　大槻義彦《おおつきよしひこ》
発 行 者　小川 淳
発 行 所　SBクリエイティブ株式会社
〒106-0032 東京都港区六本木2-4-5
編集：科学書籍編集部
03(5549)1138
営業：03(5549)1201
装丁・組版　株式会社ビーワークス
印刷・製本　図書印刷株式会社

 ISBN 978-4-7973-5085-2

SB Creative